乳幼児は世界をどう理解しているか

実験で読みとく赤ちゃんと幼児の心

外山紀子・中島伸子
Toyama Noriko　Nakashima Nobuko

新曜社

目次

装幀＝難波園子
イラスト＝福林春乃

1章　実験から乳幼児の心を探る

この本のタイトル、『乳幼児は世界をどう理解しているか――実験で読みとく赤ちゃんと幼児の心』にあるように、この本では、主に心理学の実験研究で得られたデータに基づいて乳幼児の心を探っていきます。読者の皆さんに、「赤ちゃんでも、幼児でも、こんなことができるんだ、こんなことまでわかっているんだ」という理解を深めていただくだけでなく、心理学実験というのはどういうものなのか、なぜ必要なのかを、その面白さや難しさも含めて、紹介したいと思います。

本書を始めるにあたって、1章ではまず、心理学実験の特徴をみていきましょう。心理学は「心の実証科学」といわれますが、それは、心理学が客観的に得られた事実に基づいて、心の仕組みや働きを探ろうとする学問だからです。心の仕組みや働きについては、誰もが自分の経験に基づいて、何らかの考えをもっているでしょう。しかし、自分の経験から得た知識が他の人々、他の状況にもいえることなのかどうかを確かめてみなければ、はたしてそれが客観的な事実かどうかはわかりません。そのために、心理学ではさまざまな研究法を用いて、確かにそうだといえる事実をとらえていくのです。

心理学の研究法には実験法、質的研究法、観察法、質問紙法、検査法など多くの研究法がありますが、乳幼児に使えるものは限られています。乳幼児の言語能力は十分に発達していませんし、質問紙を読んで答えてもらうこともできません。そのため、乳幼児研究では質的研究法、観察法、実験法が多く使われます。では、それぞれの研究法にはどのような特徴があるのでしょうか。

(1) 質的研究法

発達心理学では近年、質的研究法による研究が多くなっています。質的研究は定性的研究とも呼ばれ、量的研究(あるいは定量的研究)と対をなす研究法です。量的研究は、たとえばあらかじめいくつかの行動パターンを設定して、それぞれのパターンの行動をしたのは何人かを数えるなど、数値を用いて現象を記述し、分析する方法です。テレビで、「100人に聞いたところ賛成は○人、反対は△人でした」などと報道されることがありますが、これも(大変簡略化された)量的な方法です。

一方、質的研究では数量化できないデータ、インタビューや日誌、映像などを、研究者の洞察的な解釈によって分析し、ある経験や現象に共通する本質や意味を描きだそうとします。量的研究は統計的分析に耐えられるだけの対象者数を必要としますが、質的研究では何らかの体験を有している（あるいは有した）少数の限られた人々を対象とすることが一般的です。そして実際の研究は、量的研究のようにあらかじめ定まった形式に沿うのではなく、状況に応じて臨機応変に展開していきます。

対象者数は限られていても、深い分析によって現象の本質に迫ろうとするのが質的研究ですから、当然のことながら、質的研究は分析対象に関する詳細で綿密な記述が必要となります。こうした記述は「厚い記述」と呼ばれます。しかし、現象をただこと細かく記述していけば、それで質的研究ができるわけではありません。質的研究法を用いようとする研究者は、そのようにして記述された現象の背景にある要因を統合的に把握し、優れた洞察力をもってその意味を解釈していくことが求められます。そのため、研究によって何を明らかにしようとしているのか、その問題枠組みが十分に練られていないと、考察のない、「誰が何を言ったのか」「次に何が起こったのか」といった細かな顛末だけが延々と記載された、ただの記録に終わってしまいます。逆に、現象に関する詳細な記述が不足していると、別の研究者がその解釈や分析を再吟味することができないので、恣意的で説得力に欠ける独りよがりなものになってしまいます。詳細な記述と深い洞察、この2つは質的研究の両輪をなすものであり、どちらが欠けても、質的研究を前進させることはできません。

（2）観察法

観察法とはそのことば通り、目の前で起きている現象を注意深く観察し、現象の背景要因を探ろうという研究法です。観察法には、自然なあるがままの状況を観察する自然観察法と、状況に意図的な統制を加える実験観察法があります。

あなたは今、ある保育園の食事場面を見ているとします。保育園のなかには食事時の着席位置を固定している園もありますが、この園では子どもたちが自由に席を選べることになっています。そのため、同じテーブルを囲む仲間の顔ぶれもその人数も、日々変動します。食事場面を見ているうちに、あなたはあることを直観しました。どうも同じテーブルで食べている子どもの数が多いほど、子どもはよくおかわりをするようだ、食べ物の摂取量は、共に食べる仲間（共食者）の数と関連するのではないだろうか？（このようにして設定された研究上の問題を「仮説」、それを確かめることを「仮説検証」といいます。）

この直観は、どういうデータで裏付けることができるでしょうか。自然観察法でするとしたら、食事場面の観察を継続して行い、食事のたびに共食者の数、そして食べ物の摂取量を正確に記録していきます。たとえば、何口食べたかチェックするとか、食べた量を計量するといったことが考えられるでしょう。その結果、共食者の数と食べ物の摂取量との間に正の相関（一方が多いと、

もう一方も多くなるという関係）が認められたとすれば、先の直観は支持されたということができるかもしれません。

しかし実は、これだけではまだ十分な支持が得られたとはいえません。共食者が多かった日の給食は、たまたま子どもの好物が多かったという可能性はないでしょうか。好物ならおかわりが多くなるはずです。午前中の運動量が多くてお腹がすいていた、ということも考えられます。逆に、共食者が少なかった日は、好物が少なく、お腹もすいていない日が多かった。だから、摂取量が少なかったのかもしれません。これらの可能性が残されている限り、先の直観が支持されたとはいえません。自然観察法でも給食のメニュー、午前中の運動量といったことまで正確に記録し、摂取量に影響する可能性のある要因を排除していけばよいわけですが、要因の統制にはどうしても限界があります。

そこで登場するのが実験観察法です。実験観察法では先の直観を裏付けるために、たとえば次のような手続きをとります。少ない仲間と食べる場面（仮に3人として、「3人場面」と呼びましょう）、多い仲間と食べる場面（たとえば、「9人場面」としましょう）を設定します。そのとき、子どもたちに食べてもらうものは統一しておきます。3人場面と9人場面に誰を割り当てるのかは、くじで決めます。また、午前中の運動量を統制するために、3人場面も9人場面も同じ日に設定します。こうした状況で、子どもがどのくらい食べるか記録するわけです。その結果、どういうメンバーを割り当てようと、いつ観察を行おうと、9人場面の方が3人場面よりも摂取量が多くなるという結果が得られたなら、あなたの直観は裏付けられたということができます。実際、上記のような実験観察を行った結果、2〜6歳児が食べ物を摂取する量は、3人場面よりも9人場面の方が30％も多くなることが報告されています[4]。

自然観察法はあるがままの状況をとらえることができる一方、状況を十分に統制しにくいという欠点をもっています。そのため、仮説検証の方法としては、実験観察法と比べて限界があります。しかし心理学の研究では、仮説をぬかりなく検証していくことも大事ですが、それと同じくらい、検証に値する面白い仮説を立てることが重要で、これこそが研究の質を大きく左右するものです。面白い仮説というものはただ考えていても、ただ想像していても、浮かんでくるものではありません。子どもの行動をじっくりと観察するなかでひらめき、観察を重ねるごとに徐々に明確になってくるものです。ここに自然観察法を用いる理由があります。自然観察を通して得た疑問や直観を実験観察法、さらには実験へと上手につなげていくことが、面白い研究を生み出す原動力になるわけです。

(3) 実験法

実験というと、白衣を着て試験管の薬品をかき混ぜる、そんなイメージをもつ人もいるかもしれません。しかし、心理学の実験は人体実験ではありません。一定の仮説のもとで条件を設定し、その条件下でどういう反応(行動)がどの程度、どのように生起するかを測定し、条件と反応の関係性を明らかにしようとするのが実験法なのです。

先に述べた観察法(自然観察法)は、観察で得られたデータを集積していき、それらに共通する一般的な法則や理論をつくりあげる研究法でした。このやり方を帰納法といいます。一方、実験法は最初に仮説を立て、その仮説が正しいかどうかを、できる限り場面を統制・整備した実験によって確かめていきます。最初に理論を設定し、それを検証するこのやり方は、演繹法と呼ばれます。

実験場面は、仮説が正しいか誤りかがクリアにわかるように条件を整えますが、その際、多くの条件のうち1つだけを変えるようにしながら、仮説で検証したい反応や行動に変化がみられるかどうかをみていきます。実験状況で研究者が操作する要因（刺激・課題など）を独立変数といいます。一方、実験で測定される反応や行動は、従属変数といわれます。先に述べた「共食者数と摂食量」との関連をみた実験観察法の場合には、共食者数（3人と9人）が独立変数、食べ物の摂取量が従属変数になります。この研究では、独立変数として2つの条件（9人条件と3人条件）を設定し、各条件で従属変数量（摂食量）を比較しましたが、対象者を独立変数の操作を受ける実験群と、それらを受けない統制群に割り振り、従属変数量を比較する方法もあります。「独立変数の操作を受けない」とは、何の統制も受けないこと、つまりあるがままの自然な状態であることを指します。「共食者数と摂取量」の関連をみた先の実験観察研究では、統制群は設定されていません。

乳幼児を対象とする実験で難しいのは、独立変数として操作できる条件も、従属変数として測定できる反応も限られていることです。ことばによるコミュニケーションが可能になれば、課題を口頭で説明し、それに答えてもらったり、選択肢を選んでもらったりすることができますが、乳児対象の場合、そうもいきません。それでは、どのようにして実験を行うのでしょうか。

（4）乳児の実験法その1 ── 視覚的選考法・馴化法

乳児の実験では、視線行動（何に対して、どのくらい視線を向けるか）を従属変数として利用す

ることがよくあります。その代表的なものが、視覚的選好法（Visual Preference）と馴《じゅん》化《か》法《ほう》（Habituation）です。

視覚的選好法では2つの刺激を同時に提示し、どちらにより長く視線が向けられるかを測定します。2つの対象が目の前にあったとき、私たちの視線は自然と好み（選好）の対象にひきつけられます。たとえば、目の前に2匹のイヌがいたとします。1匹は自分好みの柴犬、もう1匹は『アルプスの少女ハイジ』に出てくるセント・バーナード。セント・バーナードは温和そうだけど、どうも好みじゃない。こういう場合、私たちは特段意識せずとも、柴犬をより長く見つめがちです。つまり、私たちの視線行動は選好に基づくのです。

視覚的選好法では、この特徴を利用します。視覚的選好法を最初に用いたのはR・L・ファンツという研究者です。[1][2] ファンツは、さまざまな模様が描かれた図版を2枚ずつペアにして7ヶ月児に示し、注視時間を測定しました。結果を図1-1に示しました。ここからわかる

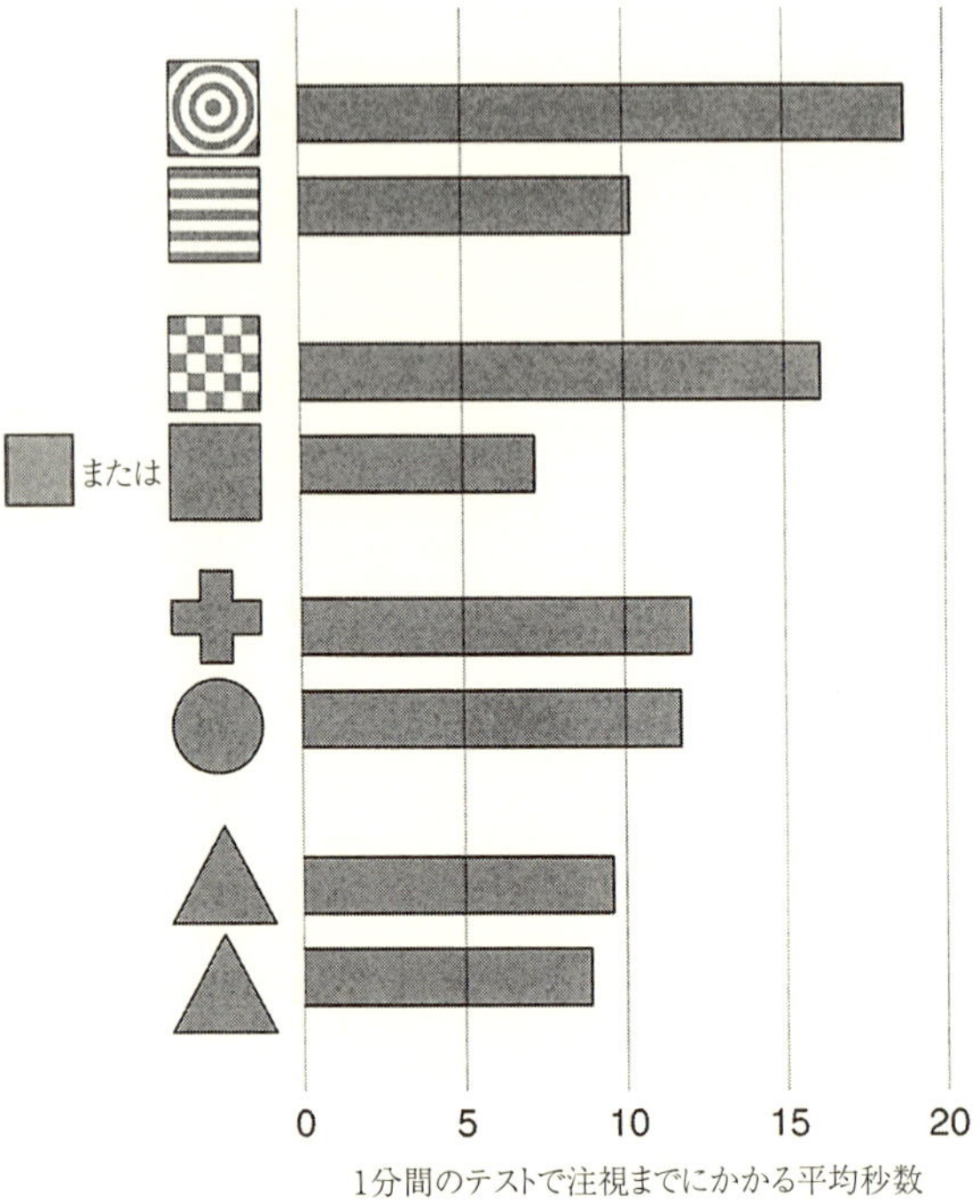

図1－1　ファンツの実験で使用した図版のペアと注視時間

（Fantz，1961[1]．ゴスワミ，2003[3]，p. 28より）

ように、7ヶ月児は横縞模様よりも渦巻き模様を、模様のない図版よりも市松模様をより長く見つめました。つまり、それらをより好むようなのです。一方、十字模様と円模様については、注視時間に差はありませんでした。

差がないという結果は、何を意味するのでしょうか。いくつかの可能性があるでしょう。そのひとつは、7ヶ月児は十字模様と円模様を区別できないというものです。2つの刺激を区別できなければ、選り好みなど認められるはずがないからです。ファンツはこの可能性に立って結果を解釈しました。つまり、7ヶ月児には十字模様と円模様を区別する能力がないと結論づけたわけです。しかし、実は別の可能性も残されています。区別する能力はあるのだけれど、両者を同じくらい好むという可能性です。7ヶ月児は横縞と渦巻きを比べたら渦巻きが好き、模様がないよりは市松模様が好き、しかし十字と円は同じくらい好きだったのかもしれません。こう考えると、ファンツの実験結果は後者の可能性を排除できていないのです。

この欠点を補う方法が馴化法です。馴化法では視覚的選好法と同じように、2つの刺激を提示します。ただし、同時にではなく継時的に、つまり1つずつ順番に示します。まず、一方の刺激、たとえば十字模様の図版を繰り返し見せます。同じ刺激を何度も何度も見せられると、私たちはだんだんとその刺激に飽きてきます。飽きてくるので、徐々に注意を向けなくなっていきます。乳児も最初は十字模様を見つめますが、だんだんと少ししか見なくなります。馴化法では、注視時間が最初に刺激を提示したときの半分以下になった時点を「飽きた」（馴化した）時点とみなします。そのタイミングで、提示する刺激を別のものに切り替えるのですが、もしここで注視時間が長くなったなら（脱馴化）、乳児は2つの刺激を区別したということができます。

視覚的選好法を用いたファンツは、7ヶ月児には十字模様と円模様を区別する能力がないと結論づけました。しかし、視覚的選好法と馴化法を組み合わせたその後の研究では[7]、この結論が正しくなかったことが示されています。円模様に馴化させた後で、円模様と十字模様を同時に提示したところ、乳児は十字模様をより長く見つめたのです。一方、十字模様に馴化させた後には、円模様を長く見つめました。

これほど単純な仕掛けにもかかわらず、馴化法を用いれば、新生児に対してさえ、実験を行うことができます。馴化法は乳児の心を覗く、実に優れた窓なのです。

(5) 乳児の実験法その2——模倣

乳児対象の実験では、模倣行動を従属変数として利用することもあります。模倣とは他者(モデル)の行動を見た後で、その行動の全体、あるいはその一部と類似した行動を自分の身体上で再現することをいいます。こういうと難しく聞こえますが、要するに「真似をすること」です。模倣には直後(即時)模倣といって、他者の行動を見た直後に行う模倣と、ある程度の時間が経ってから行う延滞模倣があります。

模倣行動を利用した実験では、どのような手続きをとるのでしょうか。子どものカテゴリー化能力、たとえば「動物」と「乗り物」というカテゴリーを別々にもっているかどうか調べたいとします。この場合、まず子どもの目の前で、おもちゃのイヌと人形を使って遊んでみせます。たとえば、人形がイヌに水を飲ませたり寝かしつけたりする動作をしてみせるわけです。その後、イヌと見た目の類似性が高いウサギ、類似性は低いけれども同じ動物カテゴリーに属する魚、さらには動物カテゴリーに属さないバイクを渡し、子どもがそれらをどのように扱うかをみます。もし子どもが動物と乗り物を別のカテゴリーとみなしているのなら、寝かしつける動作はウサギ

と魚にしてみせるものの、バイクにはしないといった相違がみられるはずです。つまり、「寝かしつける」とか「水を飲ませる」といった動作の模倣が、カテゴリーによって選択的に生起するかどうかをみるわけです。J・マンドラーたちは、14ヶ月児がこうした区別をしていることを示しました[5]。1歳の誕生日をわずか2ヶ月しか過ぎていない乳児が、動物には「水を飲ませる」が乗り物にはそうしない、乗り物には「エンジンをかける」が動物にはそうしない、といった選択的な模倣行動を示したのです。

（6）実験の難しさ

ここまで紹介してきた研究法（視覚的選好法・馴化法・模倣を利用した研究法）は、言語能力が十分でない子どもにも利用できるため、乳児研究に多く用いられてきました。しかし幼稚園に通えるくらいになると、子どもは実験者の説明を理解し、それに答えたり、提示された選択肢から適切なものを選んだりできるようになります。とはいえ、幼児を対象とした実験には多くの難しさがあります。そもそも、実験者の教示を幼児に正しく理解してもらうことは至難の業です。補助的な絵やビデオ映像などを使ってわかりやすいように説明しても、十分に伝わっていなかったとか、誤解されていたということはよくあります。子どもの誤解がその場でわかればまだよいのですが、幼児はわかったようなふりをして（必ずしも意図的にではなく）思ってもいないこと、とっさに思いついたことを答えてしまいがちです。

一例を示しましょう。3歳ごろの子どもには「肯定バイアス」、つまり「はい」か「いいえ」で答える質問に、「はい」と答えやすい偏りがあることが報告されています。

幼児を対象とした実験では、「はい・いいえ」質問が多く使われます。なぜかというと、子どもにとってわかりやすいことが実験を成功させるポイントのひとつになるからです。難しい言い回しの質問や曖昧な質問、長い質問、子どもに説明をさせるような質問は、子どもに過度な要求をする（認知的負荷が高い）ため、子どもが本来もっている能力を発揮しにくい状況をつくってしまうのです。そこで、子どもが答えやすいようにという配慮から、幼児を対象とする場合には特に、「はい・いいえ」質問が多く使われてきたのです。「なぜ」という質問には自分のことばで説明できなくても、「はい・いいえ」質問には答えられるだろうということです。

しかし、「はい」か「いいえ」の判断を求められると、年少の幼児は、明らかに「いいえ」で

答えるべき質問にも「はい」と答えてしまいがちなのです。[6] たとえば、プラスチックの青いコップを見せられて「これはガラスでできているのかな？」とか、「これは緑色かな？」と聞かれると、3歳児は、答えは「いいえ」のはずなのに「はい」と答える傾向があるのです。こうした肯定バイアスは、5歳ごろまでには消失していきます。

なぜ、年少の幼児は「はい」と答えてしまうのでしょうか。「青いコップ」が「緑色」だと思っているわけではありません。実験者がなぜこんなことを聞くのか、自分はどう答えたらよいのかといったコミュニケーションのルールをよく理解していないのです。コミュニケーションには、初対面の人には敬語を使うとか、いきなり本題を切り出すのではなく「元気だった？」など近況を聞くことから始めるといった暗黙のルールがあります。こうしたルールを守らないと、会話はひどくちぐはぐなものになってしまいます。

　実験で質問に答える際にも、これと同じことが求められます。たとえば、実験者は子どもの理解を調べるために質問しているのであり、同調を求めているのではないということがわからなければ、なぜ青いコップをさして「これは緑色かな?」などと聞いてくるのか、その趣旨は理解できません。そうなると、子どもは本来もっている能力を発揮できなくなります。このように、幼児を対象とする場合には、実験手続きの選択と実施に細心の注意を払う必要があります。これを怠ると、多くの時間と労力を無駄にしてしまう危険性があるのです。

まとめ

　現象に関する詳細な記録を研究者の洞察によって解釈していく質的研究法。自然な状況を観察し、そこで得られた個々の事実を積み上げ一般的な理論を構築していく(自然)観察法。そして、現象の背景にある要因を想定・操作したうえで反応を測定する実験法。どの研究法を用いるかによって、現象のどの側面が見えてくるかは異なります。

　実験法のメリットは現象を動かす要因を特定し、何がどのように働いて反応が生起してくるかを具体的に明らかにできる点にあります。とはいえ、先に述べた肯定バイアスのように、乳幼児対象の実験には思いもよらない落とし穴も待っています。この落とし穴にはまらないよう注意しながら、独立変数・従属変数を精緻に統制し、実験を重ね、残された可能性を排除しながら仮説を検証していく――このプロセスには、将棋の終盤、相手の王将の退路を徐々に断ち、追い詰めていくような面白さがあります。そしてその先には、乳幼児の驚くべき能力の発見が待っていきます。次章からは、実験法で明らかになった乳幼児の心の世界をみていきます。

読書案内

杉村伸一郎・坂田陽子（編）（2004）『実験で学ぶ発達心理学』ナカニシヤ出版
知覚と運動、記憶、表象、概念、言語、社会的認知など、乳幼児期の認知発達研究の主要テーマについて、重要な実験研究を目的・方法・結果・考察という科学論文のスタイルで紹介したテキスト。認知発達研究で大きな貢献をしてきた英語論文のダイジェスト版を、日本語で読めるという「お得な」本です。

2章　乳児の有能さ

ここ30年ほどの間、乳児の驚くべき能力が次々と明らかにされています。乳児は、自分で立つことも歩くこともままなりません。そのため、ひどく無力で未熟にみえます。しかし、誕生間もないころから、子どもは主体的・能動的に世界を理解しようとする存在であり、その土台となる認知的基盤を生得的にもみえるほど早い時期から備えているのです。この章では、乳児の有能さを紹介していきます。

1　人に対する感受性

小学校に入る前から難しいかけ算を暗算で解いたり、英語をペラペラしゃべったりできる子がいます。こうした子どもたちは確かに有能です。しかし、ここでいう有能さは、現在、何か高度なことができる、高度なスキルをもっているという意味での有能さではありません。今後さまざまなことを学び、世界を深く理解していく基盤を備えているという意味での有能さです。では、深い理解をつくりあげていく基盤となるもの、それは何でしょうか。そのひとつは、人（他者）に対する特別な感受性です。

（1）表情の模倣

【エピソード】

生まれたばかりの赤ちゃんは、口の動きがせわしないものです。いつでもモグモグさせたり、すぼめたり、あくびをしたり、何かをなめたりしています。その赤ちゃんの正面に向かって座り、大きく口を開けてみます。すると、この動きにつられて赤ちゃんも口を大きく開けたようにみえることがあります。この赤ちゃんは、もしかして大人の真似をしたのでしょうか。こんなに小さな赤ちゃんが、大人の真似をして口を大きく開けるなんていうことができるのでしょうか。

生まれたばかりの子どもが他者の表情を模倣する——こんなことを誰が信じるでしょう。ところが、生後わずか数時間の新生児が、こうした能力をもっているのです。

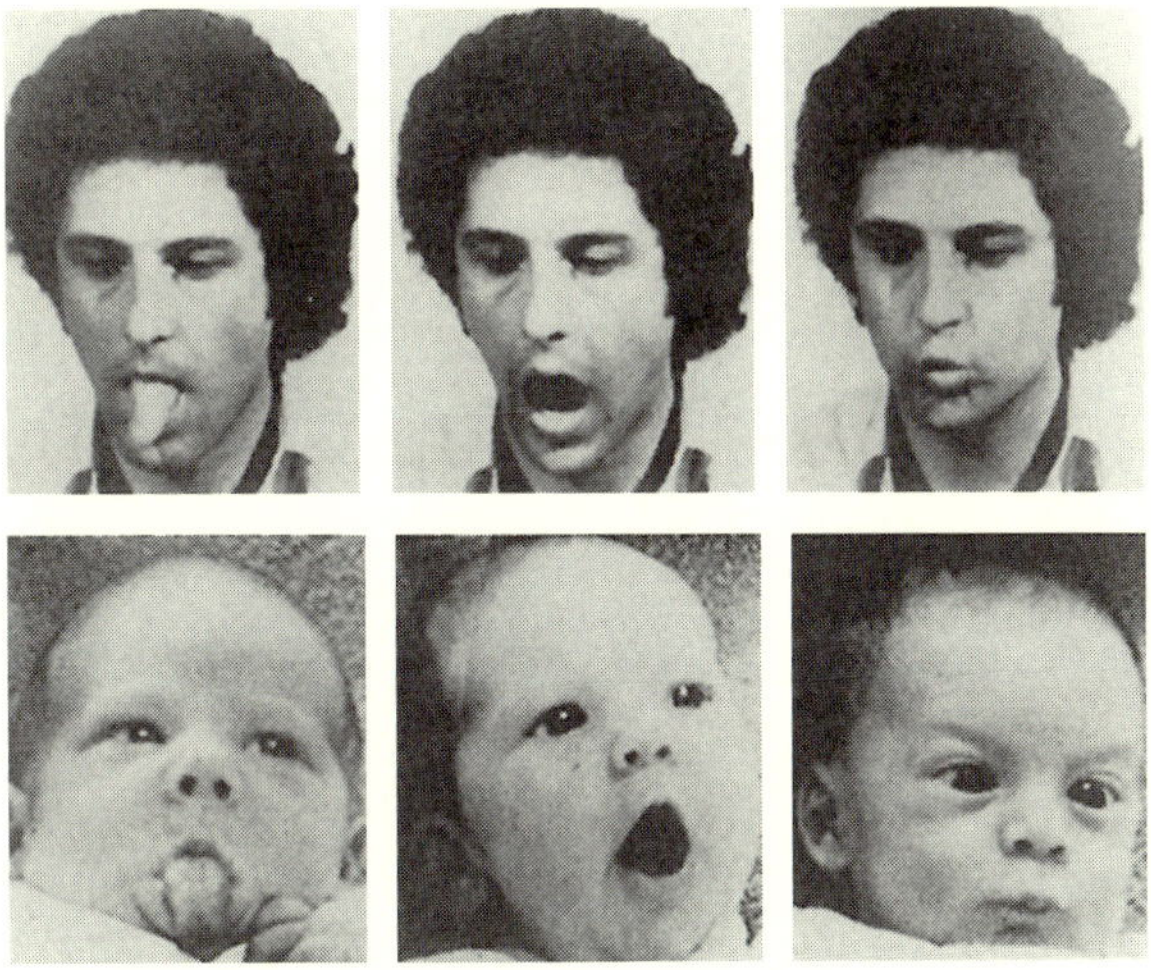

図2－1　新生児の表情模倣

（Meltzoff & Moore, 1983[17]より）

この驚くべき報告は、1983年のA・N・メルツォフたちの研究によるものです[15]（**図2－1**）。生後1時間から3日までの新生児を対象として、次のような実験を行いました。まず、子どもの身体を椅子にしっかりと固定させます。モデルとなる大人はその正面に立ち、舌を突き出すとか、口を大きく開け閉めするとか、口をすぼめるといった表情をしてみせます。その際、子どもの注意をモデルにひきつけるため、部屋の照明は落とし、モデルにスポットを当てます。モデルが20秒間、右記のような表情をしてみせた後、再び部屋を暗くして、次の20秒間の子どもの表情を撮影します。その表情を、実験目的を知らない人に評定してもらったところ（評定に予断を入れないため）、モデルが舌を突き出す表情をしてみせた後は子どもも舌を突き出し、口を大きく開閉する表情をしてみせた後は口を大きく開閉するという結果が認められたのです。ただし、この表情模倣は、月齢があがると共に徐々に消失していきます。９ヶ月ごろになると再び表情模倣が出現してきますが、この模倣は意図的なものであり、誕生直後の模倣とは異なります[16]。

新生児期の表情模倣からわかるように、人間は他者の顔に対して特別な関心を払う存在なのです。このことは、まさに人間が社会的動物といわれる所以を示すもの、その有能性を象徴するもののようにみえます。しかし新生児の表情模倣はほんの数種類の表情に限られており、なぜ特定の表情についてしか模倣が認められないのか、そしてなぜ数ヶ月経つといったん消失してしまうのかといった問題は、現在でもその答えが見つかっていません。そもそも他者の動作を模倣するためには、自分と他者が同じ身体をもつという認識、さらには知覚した他者の身体運動を自分の身体運動に対応づけて再現するという高度な能力が必要となります。鏡に映った像を自分であると認識することもできない乳児（7章参照）が、なぜこれほどのことができるのでしょう。これらの問題は、現在でも検討が進められています。

（2）顔への注目

他者の顔が特別な意味をもつことは、顔の認知についてもみることができます。乳児の視力

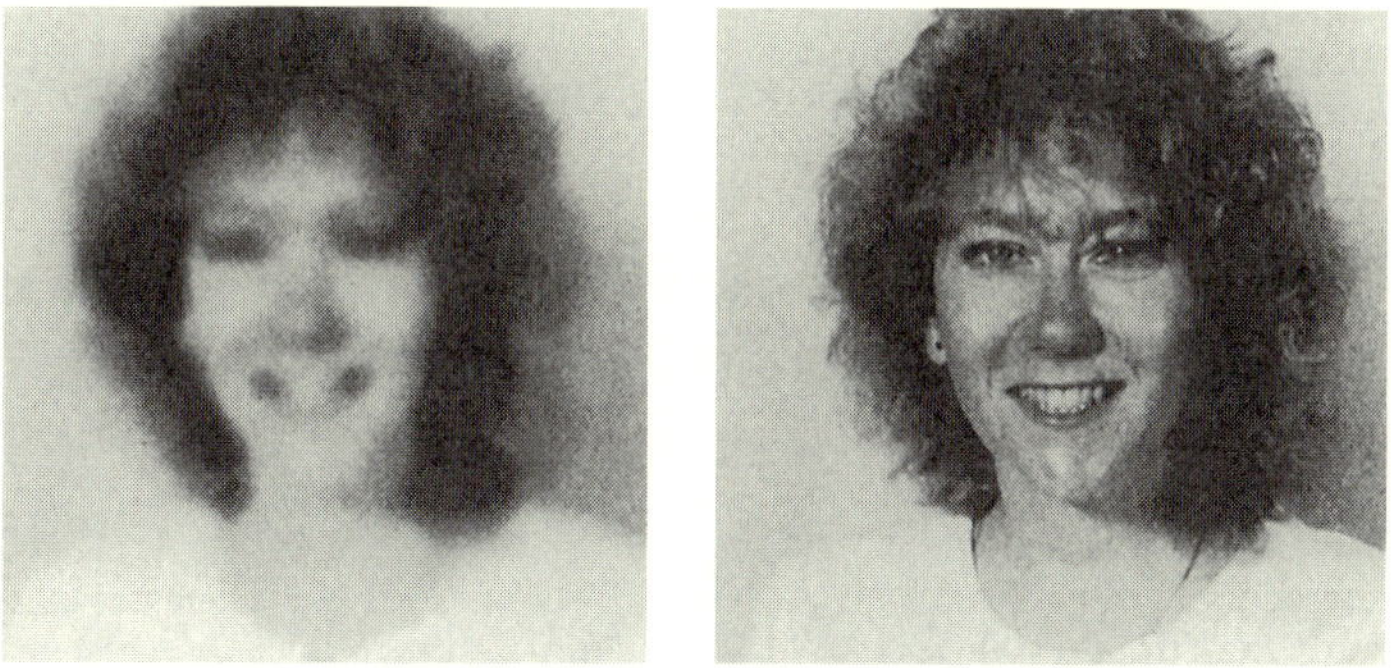

図2－2　乳児の視覚的調整能力
（Slater，1990[23].ブレムナー，1999[3]，p. 66より）
左は新生児が見ている状態、右は大人が見ている状態

（視覚的調整能力）は、十分には発達していません。**図2－2**は、女性の顔を新生児が見ている場合（左側）と、大人が見ている場合（右側）を示したものです。大人にはくっきりと見えるものが、新生児にはひどくぼんやりとしていることがわかります。2～6ヶ月にかけて急速によくなるものの、大人と同程度（視力1・0）になるのは2歳ごろのことです。

生後2ヶ月ごろまでは、視力が弱いだけでなく、対象を見る際、輪郭にばかり注意を向ける傾向もあります。そのため、1ヶ月児は、三角や丸といった図形を、たとえば同じ四角の枠で囲んでしまうと、途端に識別できなくなってしまいます[4]。外側の四角にばかり注意を向けているので、全部同じに見えてしまうのです。これは、外枠効果と呼ばれています。

外枠効果は、顔の認知にもみることができます。2ヶ月までの乳児は他者の顔を見ても、主としてその輪郭に注意を向けており、目や鼻、口といった顔

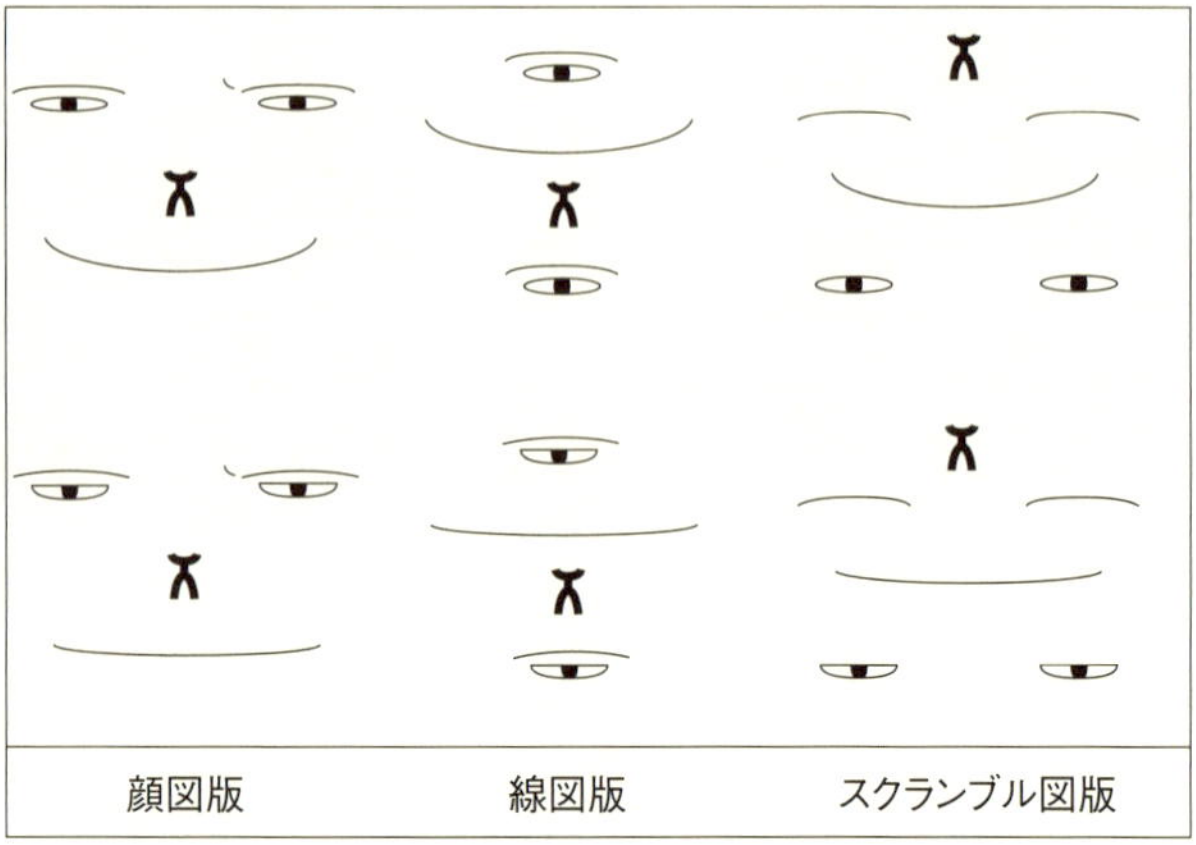

図2－3　1、3、5ヶ月児に提示された図版

（Johnson et al., 1992[13]より）

の内部情報をよく処理することができません。たとえば、乳児の前に静止した二次元の顔図版を置き、視線の動きをみてみます。すると、顔の輪郭部分をちょうど逆三角形の頂点を結ぶように視線を動かしていることがわかります[10]。生後わずか数日の乳児でも、母親の顔と他の女性の顔を識別できることが知られていますが、髪をスカーフ等で覆ってしまうと途端に識別できなくなるのは[1]、外枠効果によるものです。

月齢が進むと、乳児は徐々に顔の内部に注意を向け始めます。しかし、顔の識別で重要なことは、対象が動くことであるようです。ある研究では、1、3、5ヶ月児に3つの静止した図版（**図2–3**）を提示しました。目・鼻・口を顔のように配置した顔図版、縦線に配置した線図版、そしてバラバラに配置したスクランブル図版です。これらに対する注視時間を測定したところ、1ヶ月児と3ヶ月児にはスクランブル図版より顔図版をよく見る選好が認められました。しかし、5ヶ月児にはそれが認められなかったのです。そこで次に、顔図版を提示する際、目や鼻、口に動きを入れてみました。すると、5ヶ月児は顔図版を好んで見るようになったのです。[12]

なぜ5ヶ月児は目や鼻、口が動くと、途端に注意を向け始めるのでしょうか。実際の生活環境では、人の顔が静止したまま動かないということはまずありません。逆に、静止したままの顔というのはかなりの違和感、場合によっては恐怖感すら与えるものです（想像してみてください）。コミュニケーションにおいて私たちは相手の顔に注意を向けますが、ただ漠然と顔の形を見ているわけではありません。目や鼻、口の動きに注目して見ているのです。なぜなら、それらの動きこそ、相手の感情や意図といった心の状態を伝えるものだからです。5ヶ月ごろまでに乳児は、他者の顔を見つめたり見つめられたり、笑顔を返したり返されたりといったやりとりを多く経験するでしょう。こうした経験の蓄積と顔の内部情報を処理できるほどに発達した視力があいまって、目や鼻、口の動きに注意を向ける傾向がつくられていくのです。

（3）生理的早産

ここまでみてきたように、人間の子どもは誕生後すぐに人（他者）に対して特別な注意を向けるようになります。ではなぜ、人間にはこれほど高い感受性が備わっているのでしょう。動物行動学者・A・ポルトマンが「生理的早産」と呼んだ特別な事情が、その背景にあるようです。

ポルトマンは「人間は生後1歳になって、真の哺乳類が生まれたときに実現している発達状態にやっとたどり着く。そうだとすると、この人間が他の高等哺乳類なみに発達するには、われわれ人間の妊娠期間が現在よりもおよそ1ヵ年のばされて、約21ヶ月になるはずだろう。[20]」と述べ、この特徴を「生理的早産」と呼びました。一般的に、小型動物は未熟な状態で誕生します。未熟なので、生まれてしばらくは巣にとどまり、親に養育してもらわなければなりません。これを「就巣性」といいますが、鳥類のヒナはその良い例です。これに対して、大型動物は誕生時点ですでによく成熟しており、ある程度の生存能力を備えて生まれてきます。これを「離巣性」といいます。ウシやウマは、生まれて数時間もすれば自分で立ち上がります。

人間は大型動物なので離巣性のはずなのですが、感覚器官こそ比較的よく発達して生まれてくるものの、運動器官はとても未熟です。生まれたての赤ちゃんがウシやウマのように、数時間で立ち上がるなどということはありません。誕生直後の乳児は自分で移動することはおろか、姿勢を変えることも、頭部を支えることもままならないのです。感覚器官・運動器官ともよく成熟した状態で生まれるためには、本来あと1年間、母胎内にいる必要があります。しかし、進化の過程で人間は二足歩行を獲得しました。そのために母親の骨盤は小さくなり、胎児の成長を待っているると出産が難しくなりました。そこで身体器官の成熟を犠牲にして、早く出産する道を選んだのです。本来、就巣性ではないものの、結果として就巣性であることを、ポルトマンは二次的就巣性と呼びました。

この未熟さのために、人間の子どもは他者から養育行動を引き出さなければならなくなったのです。生き残っていくためには、自分を世話してくれる養育者のそばにいなければならないのですが、移動能力すらもたない人間の子どもは、自分から養育者に近づくことも、離れないようしがみついていることもできません。では、どうしたらよいのでしょう。養育者を自分のところに引き寄せればよいのです。そのために子どもは誕生直後から人らしい刺激に対して特別な関心を向け、環境内から養育者を探し出し、泣いたり声を出したりしてシグナルを送り、養育者から養育行動を引き出すのです。つまり、表情模倣や顔への注目は、宿命としての未熟さによる要請のもとで編み出された、賢い生存戦略といえるでしょう。

2 乳児の記憶——因果性の役割

人に対して特別な注意を向けることは、学習の強力な武器となります。なぜなら私たちは他者を通してこそ、多くのことを学べるからです。それと並んで学習に不可欠なもの、それが記憶です。過去経験を蓄積できなければ、そもそも学習を成立させることはできません。それでは、乳児はどの程度の記憶能力をもっているのでしょうか。

（1）音の記憶

【エピソード】

母親が妊娠中にモーツアルトを聴いていると、「よい子」が生まれてくるという話があります。胎教に良い音楽というと、以前はバッハの「G線上のアリア」パッヘルベルの「カノン」といったバロック音楽、そしてもちろんモーツアルトが定番でした。しかし、最近の胎教音楽CDにはSMAPの「世界に一つだけの花」も収録されています。どういう音楽が胎教に良いのか、本当に「よい子」が生まれるのか、胎教によって生まれる「よい子」とはどういう子なのか。これらのことを考え始めたらきりがありませんが、そもそも胎児には音楽が聞こえているのでしょうか。そして胎児のころに聴いた音楽は、生まれた後も記憶されているのでしょうか。

聴覚は視覚と比べて、早期に発達が進みます。胎児は妊娠20週を過ぎるころまでに、外界の音を聴くことができる程度まで聴力が発達します。そしてその優れた聴覚で、子宮内の音を聴き、それを記憶にとどめます。この驚くべき能力は、どのような実験によって明らかになったのでしょうか。

A・J・デキャスパーたちは、心拍数を測定することで胎児の記憶能力を検討しました。まず母親に妊娠33週から毎日4週間にわたって、ある韻律を声に出して読んでもらいました。その後、

この韻律を胎児に聴かせ、そのときの心拍数を計測したのです。その結果、この韻律を聴かせたときには心拍数の低下がみられたものの、初めての韻律を聴かせたときには、低下がみられませんでした[6]。

この実験結果は、胎児が聞きなじみのある韻律と初めて聴く韻律を区別していること、つまり韻律を記憶できることを示唆しています。デキャスパーたちの研究ではさらに、胎児のときに子宮内で聴いていた音は、生まれた後も記憶されていることが示されています[7]。子宮という環境は母体の発する心音や血流音など、さまざまなノイズであふれています。にもかかわらず、胎児は母体の脊髄を伝わってくる母親の声を聴き分け、それを覚えていられるのです。

（2）対象と出来事の記憶

聴覚と比べ視覚の発達はゆっくりですが、乳児は

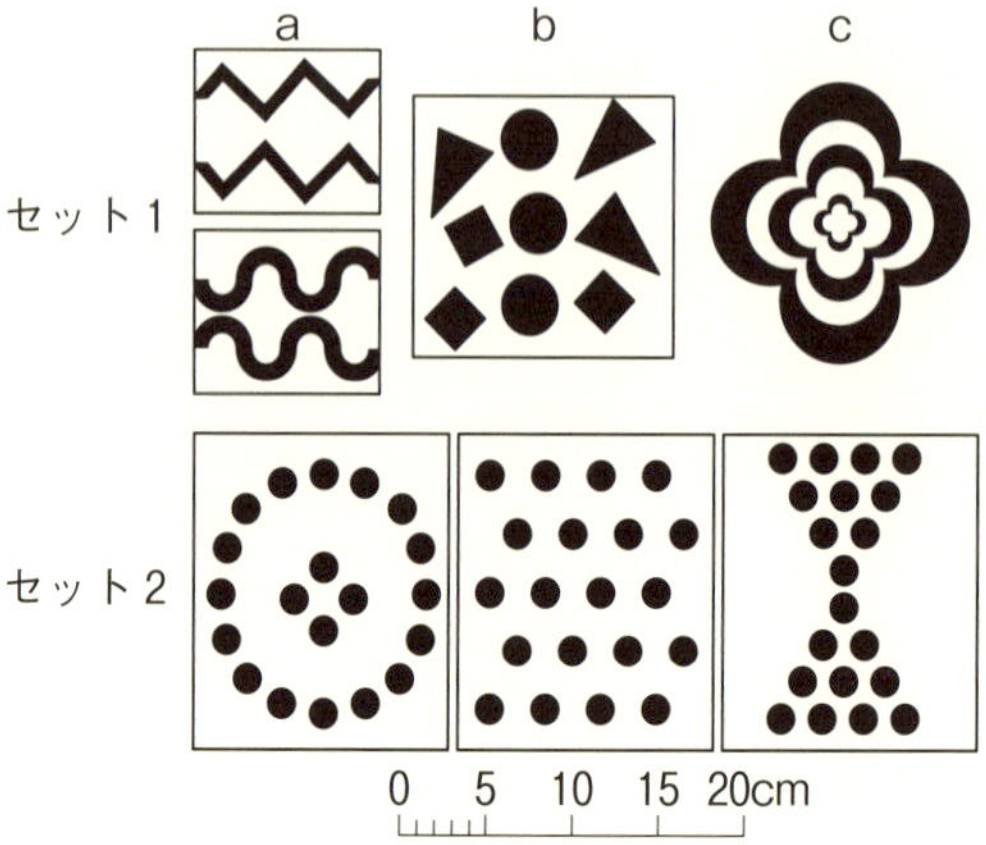

図2－4　乳児の記憶実験で使われた図版

（Cornell, 1979[5]. ゴスワミ, 2003[9], p. 17より）

視覚情報についても記憶することができます。この能力は、次のような実験によって明らかにされています。[5] 5～6ヶ月児に、幾何学的な模様の描かれた図版（**図2－4**）を2枚ずつのペアにして20秒間示します。その2日後、再び実験室に来てもらうのですが、その際、まずすべての絵を短時間だけ提示し、思い出す手がかりを与えます。次に、2日前に見せた図版と初めての図版をペアにして示し、どちらを長く注視するか測定しました。その結果、どのようなペアに対しても、乳児は初めて見る図版をより長く注視する傾向を一貫して示したのです。生後わずか半年の乳児でも、2日前に見たものと初めて見るものを区別できたというわけです。

乳児は出来事についても記憶することができます。出来事とは時空間上で生じる、ひとつあるいは複数の対象の変化をいいます。たとえば、

「止まっていた○○が右側に移動して××にぶつかり、○○と××はくっついたまま、さらに右側に移動して止まった」といった時空間上の変化が出来事です。乳児が記憶できる出来事は、毎日経験する出来事だけではありません。生まれてわずか半年の乳児が、たった一度しか経験したことのない出来事を2年後に思い出すことができるのです[19]。

このことは、次のような実験で検討されています。生後6ヶ月のときに実験室に来てもらい、「ガラガラと音をたてるビッグバードのおもちゃに手を伸ばす」といった出来事を経験してもらいました。その2年後に、再び同じ実験室に来てもらい、2年前とまったく同じ状況のなかで子どもがどう行動するか観察します。ただしこのとき、2年前に一度実験室に来たことのあるグループ（実験群）と、一度も来たことのないグループ（統制群）をつくります。そして両グループの行動を比較するわけです。その結果、実験群の子どもたちは、これから何が起こるかについて何の説明も受けていないのに、統制群の子どもたちより頻繁に、これから起こることを知っているかのような行動を示したのです。たとえば、「音のする方向に手を伸ばす」といった行動がより頻繁に認められました。この結果は、実験群の子どもたちに乳児のときの記憶が保持されているということでしか解釈できません。つまり、6ヶ月時点の出来事は、2年経過した後も記憶にとどまっているのです。

生後半年の乳児は歩くことはおろか立つこともできません。意味のあることばを発話するまでには、あと数ヶ月の時間を必要とします。それなのになぜ、たった一度の経験を記憶にとどめ、それを2年後に想起できるのでしょう。このすばらしい記憶能力を支えているものに、因果性に対する強い志向性があります。

(3) 因果性の役割

乳児が出来事を記憶する能力があるといっても、その記憶は出来事を支える因果性の強さによって大きく異なります。出来事が因果的に強く結びついている場合、記憶に残りやすいのですが、そうでない場合には忘れられがちなのです。たとえば、「ヒモを引っ張ると、そのヒモに結びつけられていた支えが外れてボールが落ちる」という出来事があったとします。この場合、「ヒモを引っ張る」と「ボールが落ちる」は因果的に結びついていますが(因果的に随伴している)、ヒモを引っ張る前に「おもちゃの人形の上に帽子を載せた」としても、それは「ボールが落ちる」ことの原因にはなりません。つまり、両者の間には、因果的随伴性はありません。

出来事が因果的に随伴している場合、3ヶ月児でも出来事を記憶することができます。ある研究では、[22]図2-5のような装置に3ヶ月児をおき、「足をキックする→モビールが動く」という出来事を記憶できるか検討しました。まず、足とモビールが結びつけられていない状態(図2-5のA)で3分間、乳児が何回足をキックするか測定します(経験前)。その後で足にモビールを結びつけ(図2-5のB)、「足をキックする→目の前にあるモビールが動く」という出来事を9分間、

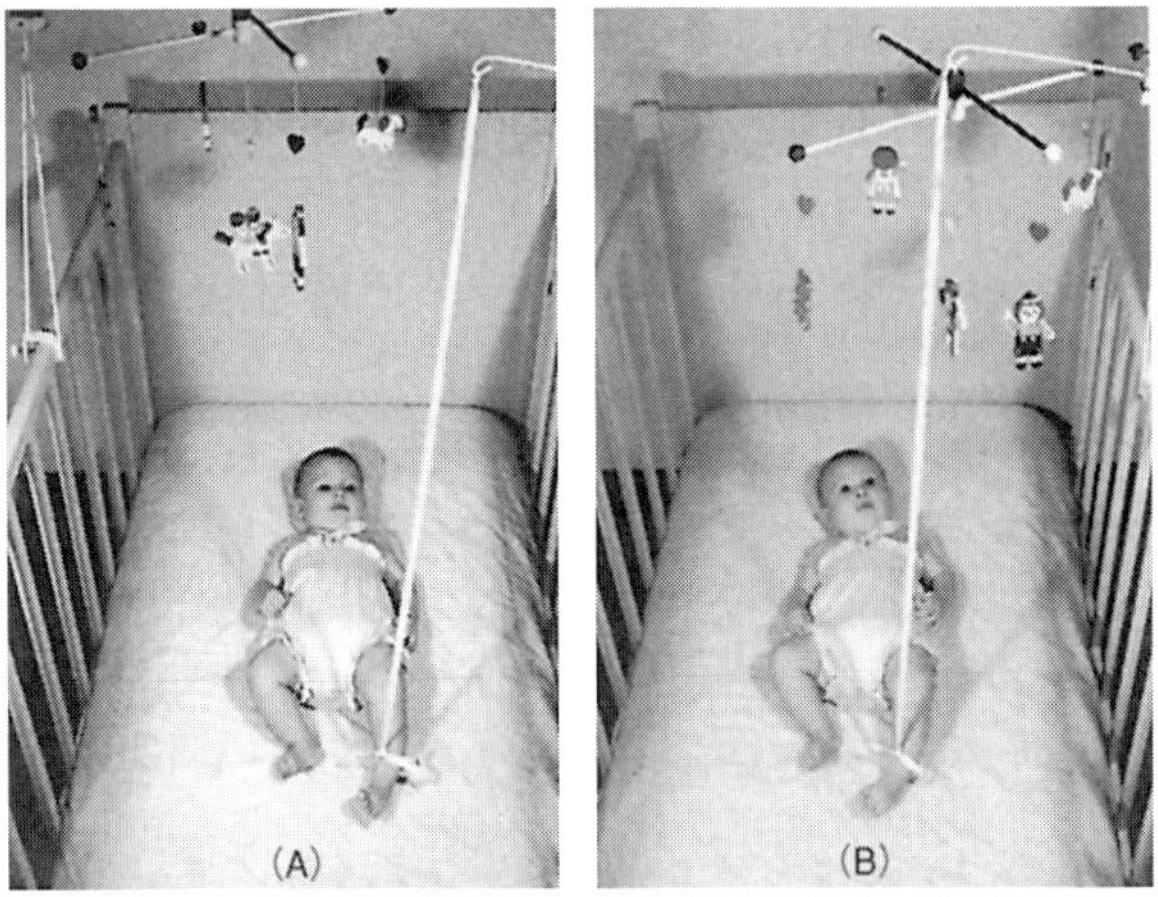

図2－5　因果的出来事に関する乳児の記憶実験で使われた装置
（Rovee-Collier et al., 1980[22]．ゴスワミ，2003[9]，p.21より）

経験させます。その後でまた、足とモビールが結びつけられていない状態（**図2-5**のA）をつくり、3分間で何回足をキックするか測定するのです（経験後）。この実験でみるのは、「キックするとモビールが動く」という楽しい経験をした前後で、足をキックする回数がどれだけ変化するかです。もし経験の後で回数が多くなれば、乳児が出来事を記憶できることの証拠になります。実験の結果、まさにそのような結果が示されたのです。そればかりか、この記憶は1週間後まで保持されていました。

逆にいうと、因果的に随伴していない出来事は記憶から消失してしまいがちです。マンドラーたちは、模倣行動を手がかりとして因果的随伴性の強い出来事とそうでない出来事に関する11ヶ月児の記憶能力を検討してい

ます[15]。この実験では、次のような手続きをとりました。まず、子どもに2つの行為を含む出来事を見せます。たとえば、「箱の穴にボタンを入れる→箱を振ると音が出る」や「ウサギの頭に帽子を載せる→ウサギに餌を食べさせる」といった出来事です。前者の場合、ボタンを入れないと音は出ないので2つの行為は因果的に随伴しているといえます。一方、後者の場合、「帽子を載せること」は「餌を食べさせること」の原因ではないので、因果性はありません。実験者がこれらを演じてみせたその直後、24時間後、3ヶ月後の3時点において、乳児がどれだけこれらの出来事を再現できるかみたところ、因果的でない出来事については直後しか再現できませんでした。24時間後にはもう忘れ去られていたのです。しかし因果的な出来事については、直後はもちろんのこと、24時間後、さらには3ヶ月後までも、その記憶は保持されていました。

　乳児に限らず大人でも、出来事を知覚・認知する際には因果性に対する強い志向性をもっています。本当は因果的ではない対象に対して、因果的だと思い込んでしまう傾向すらあります。たとえば、文部科学省の学力調査で「朝ご飯を食べる」ことと「学力が高い」ことに相関が認められたという結果が公表されて以来、「朝ご飯を食べると勉強ができるようになる」という言説が独り歩きしています。本当は複数の原因があるものや、共通する要因があるために因果的に結びついているように見えるものについても、私たちは因果的だと考えてしまいがちです。こうした誤解や錯覚は、乳児に限らず大人でも、「出来事には原因があるはず」と考える強力なバイアスが働くからです。そして因果性に対するこの強い志向性は、乳児の記憶を組織化する原動力となっているのです。

3　世界の区別

私たちは、さまざまな種類の現象に取りまかれています。そしてそれらについて考えるとき、その現象がどういう世界に属するかによって、異なるスタンスに立ちます。たとえば、植木鉢のランが水を吸収することとイヌがたくさん水を飲むことは、水を吸収する点では同じですが、「花は水をたくさん飲みたかった」「水が飲めてうれしかった」と説明するのは適切ではありません。もちろんレトリックとしては間違っていないでしょうが、正しい考え方ではないでしょう。どういう問いを立てるのか、その問いをどう考えるのか、つまり現象に向き合うスタンスは、現象の種類によって異なるのです。こうした区別は、乳児期にすでに認められます。少なくとも事物の属する物理的世界と生物が属する生物世界については、乳児でも異なる説明原理をあてはめることがわかっています。

(1) 自己推進性

物理的事物になくて、生物(動物)にあるもの。そのひとつは自分で動く力をもっていること、つまり自己推進性です。「タンスの上にあった帽子が床に落ちた」場合と、「タンスの上にいたネコが床に降りた」場合、「なぜ床に移動したのか」と問われたら、どのように説明するでしょう。帽子については「風が吹いた」、ネコについては「昼寝に飽きて遊びに行こうとしている」とでも答えるでしょうか。前者には物理的事物の運動に関する物理法則を、後者には生物(動物)世界固有の意図や自己推進性(自ら動く)をあてはめて説明するわけです。この区別は、7ヶ月児にも認められています。

E・スペルキたちは、実に巧妙な方法を用いてこの点を検討しました(**図2-6**)[24]。最初に、馴化刺激として次のような映像を提示します。ついたての左側から車輪のついた事物A(事物条件)、あるいは男性(人間条件)がついたての向こう側に入っていきます。その後、ついたての右側から事物B(事物条件)、あるいは女性(人間条件)が出ていきます。事物条件についても、人間条件

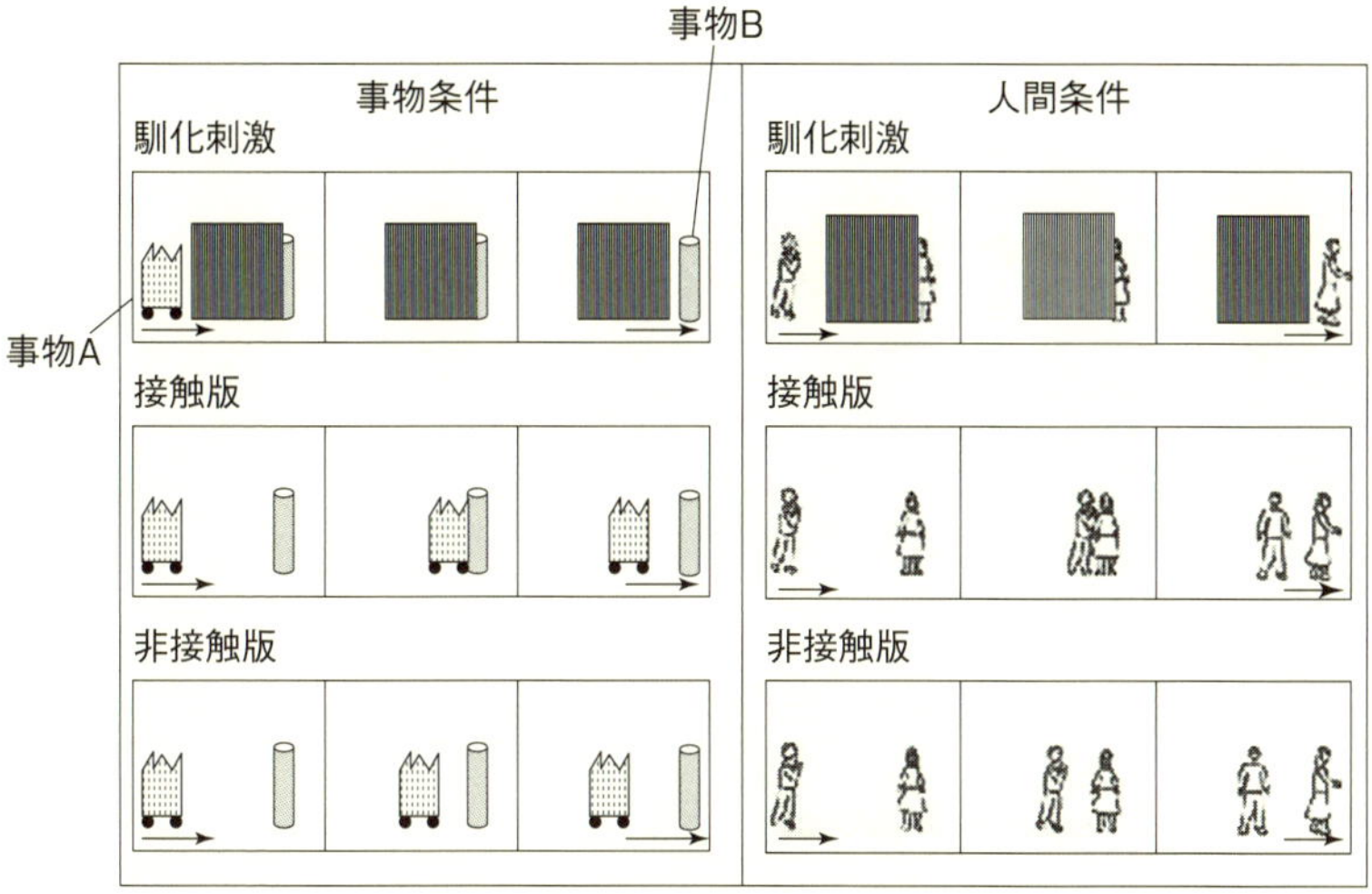

図2−6　スペルキたちの実験で使われた馴化刺激とテスト刺激
（Spelke et al., 1995[24]より）

についても、この刺激映像を馴化がみられるまで繰り返し提示します。次に、テスト刺激を提示します。テスト刺激には、事物条件でも人間条件でも、それぞれ2種類（接触版と非接触版）の映像が用意されました。接触版のテスト刺激では、事物AとB（事物条件）、男性と女性（人間条件）が接触した後に、事物Bまたは女性が右方向に移動します。非接触版のテスト刺激では、接触してもいないのに、事物Bまたは女性は右方向に移動していきます。人間は自力で動くことができるので、接触版も非接触版も何ら不自然ではありません。しかし事物についてはどうでしょう。リモコンあるいは時限式のゼンマイでもついてない限り、事物は自ら動き出したりするものではありません。

したがって、事物条件の場合、非接触版の映像はまずありえないことになります。

テスト刺激を見た7ヶ月児はどう反応したでしょうか。7ヶ月児は、事物の非接触版についてのみ、脱馴化したのです。つまり、事物が他の事物と接触もせずに動き始めると、自分が予測(期待)していたことに反するので、驚いてその映像を長く見つめたのです。つまり、7ヶ月児は、物理的事物の世界と生物(動物)の世界を、自己推進性という点で区別しているのです。

(2) バイオロジカル・モーション

物理的世界と生物(動物)世界の相違に関する敏感な感受性は、バイオロジカル・モーションの知覚にもみることができます。バイオロジカル・モーションとは、生物(動物)的な動きのことを指します。ボールが落下する際、あるいは床をバウンドする際の運動の軌跡には固有の特徴があります。これと同じように、動物の運動には、物理的事物にはみられない特徴があります。自己推進性をもつこと、動きがスムーズであること、接触せずとも他を動かすこと、相互作用パターンが応答的であること、そして主体性をもつことなどは、その一例です[21]。ピンとこない人は、You Tubeで「バイオロジカル・モーション」と検索してみてください。映像を見ることができます。

バイオロジカル・モーション研究は、1973年に発表されたG・ヨハンソンの研究に端を発しています。ヨハンソンは、人間の身体の関節付近に光点を装着し、暗闇でその人が動いているときの場面を撮影しました。装着した光点はわずか数個というのに、その映像を見た人は、動作主が男性なのか女性なのか、機嫌が良いのか悪いのか、さらには何をしているかまで判別できたのです[12]。その後の研究で、バイオロジカル・モーションの知覚には動きが重要な働きをすることもわかっています。たとえ何十個もの光点が装着されていたとしても、身体が静止していれば、ただのランダムな点としてしか知覚されません。また、映像を上下逆さまにして見せた場合にも、バイオロジカル・モーションとしては知覚されません。

乳児も大人同様、バイオロジカル・モーションの特徴を備えた動きとそうでない動きを区別します。区別するというだけでなく、バイオロジカル・モーションをより好みます。たとえば、3ヶ月児は光点がランダムに、あるいはまとまりなく動く運動よりも、バイオロジカル・モーションをより長く注視することが示されています[2]。そして、生まれてわずか4日の新生児でも、両者に対する反応は異なります[18]。一方、自閉症児にはバイオロジカル・モーションに対する選好が認められません[14]（実験紹介参照）。

（3）アニマシー知覚

バイオロジカル・モーションの知覚にみられるように、私たちは特定の対象に対して「生きている」という感覚をもつことがあります。暗いところを歩いていたら、茂みで「ゴソッ」と何かが動いた。よくわからないけれど、どうも何かがいる。そして私を見ている、追いかけてくる。そんな感覚です。こうした感覚は、アニマシー（生物性）知覚と呼ばれています。

大人のアニマシー知覚は、かなり以前から研究されてきました。もっとも有名な研究は、社会心理学者のF・ハイダーたちによるものです[11]。ハイダーたちは大人に、箱と円、2つの三角形が運動するアニメーション映像（これもYou Tubeで見ることができます）を提示しました。映像を見せた後、どのような映像だったのか報告を求めたところ、多くの人が図形の動きを「追いかけた」「攻撃した」「協力した」といったことばで語ったというのです。つまり、本来、特に意味のない図形の動きに対して、私たちは意図や心といった生物固有の意味づけをしてしまうのです。

アニマシー知覚は大人だけのものではありません。乳児もまた、本来意味のない図形の動きに意図や感情といった心を帰属させる傾向があるのです。このことは、次のような鮮やかな実験で検討されています[8]。まず、12ヶ月児に**図2-7**のような映像（馴化刺激）を繰り返し提示します。大きな円と小さな円が、壁を挟んで左右に位置しています。この2つの円は、交互に膨らんでは縮み、膨らんでは縮みという動きを繰り返します。その後、小さな円は大きな円の方向に動き始めますが、壁の前まで移動したところでいったん後ろに戻ります。そして、再び大きな円に向かって、今度はスピードを速めて移動し、壁を飛び越え、大きな円に接触します。

この刺激に馴化させた後、今度は2タイプのテスト刺激を提示します。跳躍版のテスト刺激は

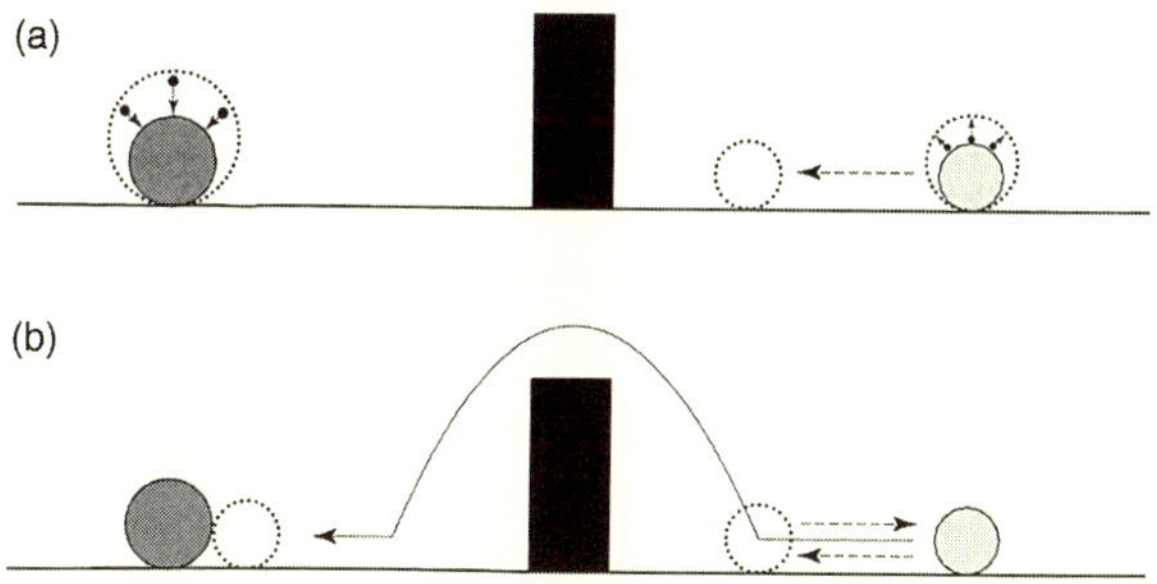

図 2－7　アニマシー知覚の実験で使われた馴化刺激
（Gergely et al., 1995[8]. ゴスワミ, 2003[9], p. 71より）

壁のない点だけが馴化刺激と異なっており、残りはすべてテスト刺激と同一です。つまり、実際には壁がないのに、馴化刺激では壁のあった位置で、小さな円は飛び上がるように動くのです。壁がないことは、直線版のテスト刺激でも同じです。ただし、このテスト刺激では、小さな円は一度後ろに戻った後、大きな円に向かって直線的に移動して接触します。

以上をまとめてみましょう。跳躍版のテスト刺激では、2つの円の動きは馴化刺激とまったく同じです。一方、直線版のテスト刺激では、小さな円は跳躍せずに直線的に移動します。馴化刺激にあった壁がなくなっていることは、跳躍版でも直線版でも同じです。では、12ヶ月児はどちらのテスト刺激に対して脱馴化したのでしょうか。

その前にまず、大人がこの馴化刺激をどのように理解するか、確認しておきましょう。大人は馴化刺激の映像を見た後で、説明を求められると、次のように説明します。「お母さん（大きな円）が子ども（小さな円）を呼んだので、子どもはお母さんに向かって走り出した。しかし壁があって、乗り越えられない。そこで子どもは勢いをつけるために少し後ずさりして、勢いをつけ、壁を飛び越え、お母さんに抱きついた。」では、このストーリーから逸脱するのは、跳躍版と直線版のどちらでしょうか。小さな円に「お母さんのところに行きたい」という意図を帰属させて考えるなら、跳躍版になります。壁もないのに飛び上がるという動きは、「お母さんに早く抱きつきたい」という意図と矛盾するからです。早く抱きつきたいなら、一目散に駆け寄るはずです。12ヶ月児が脱馴化したのは、跳躍版の映像でした。「早く抱きつきたい」はずの子どもが無意味に跳躍すると驚いて、その映像を長く見つめたのです。

生まれてわずか半年程度の乳児が物理的世界と生物世界を区別するという研究結果は、とても印象深いものです。なぜ私たち人間は、生後数ヶ月というごく初期に、これほど抽象的な理解に到達できるのでしょうか。人の世界と物理的事物の世界を区別し、前者については心を帰属させて考える。このことは、人間の生存にとってきわめて重要でした。だから、発達のごく初期に洗練された理解に到達できる、と考えることが合理的であるようです。この点については、改めて5章（心をどう理解しているか）でとりあげます。

おわりに

乳児は混沌とした無秩序な世界を見ているわけでも、特定の視点から離れたまったく中立的、客観的な世界を見ているわけでもありません。発達のごく初期から、世界を特定の視点で切りとり、意味ある世界をつくりあげているのです。こうした認知的基盤を土台として、子どもは就学前までに大人の理解と本質的にはさほど異ならない深い理解をつくりあげていくのです。

〈実験紹介〉自閉症児のバイオロジカル・モーション知覚

【目的】

自閉症は社会性、想像力、そしてコミュニケーションの困難を主とする発達障害のひとつです。18ヶ月より前に診断がつくことは稀であり、そのため、誕生後の2年間の様子については、ほとんど知られていません。クリンたちは、(1)自閉症の2歳児はバイオロジカル・モーションに特別な注意を向けるのか、(2)もし自閉症児がバイオロジカル・モーションに注意を向けないのだとすれば、どういうものに注意を向けるのかという2つの問題を検討しました。

【方法】

(対象者)76名の2歳児(平均年齢は2・05歳)。うち定型発達児が39名、自閉症児が21名、自閉症ではない発達障害児が16名。

(手続き)バイオロジカル・モーション映像:音楽に合わせて踊っている身体に光点をつけた映像と、倒立逆回し映像:その映像を上下逆さまにして、さらに逆回しにした映像を提示し(図

Aを参照)、注視時間を測定しました。倒立逆回し映像は、バイオロジカル・モーションとしては知覚されません。

【結果】

図2-9に、バイオロジカル・モーションと倒立逆回し映像に対する注視時間を示しました。Eは自閉症児、Fは定型発達児、Gは自閉症でない発達障害児の結果です。定型発達児と自閉症でない発達障害児はバイオロジカル・モーションに対する注視時間が倒立逆回し映像よりも長いことがわかります。つまり、バイオロジカル・モーションを好んで見る傾向が認められたのです。一方、

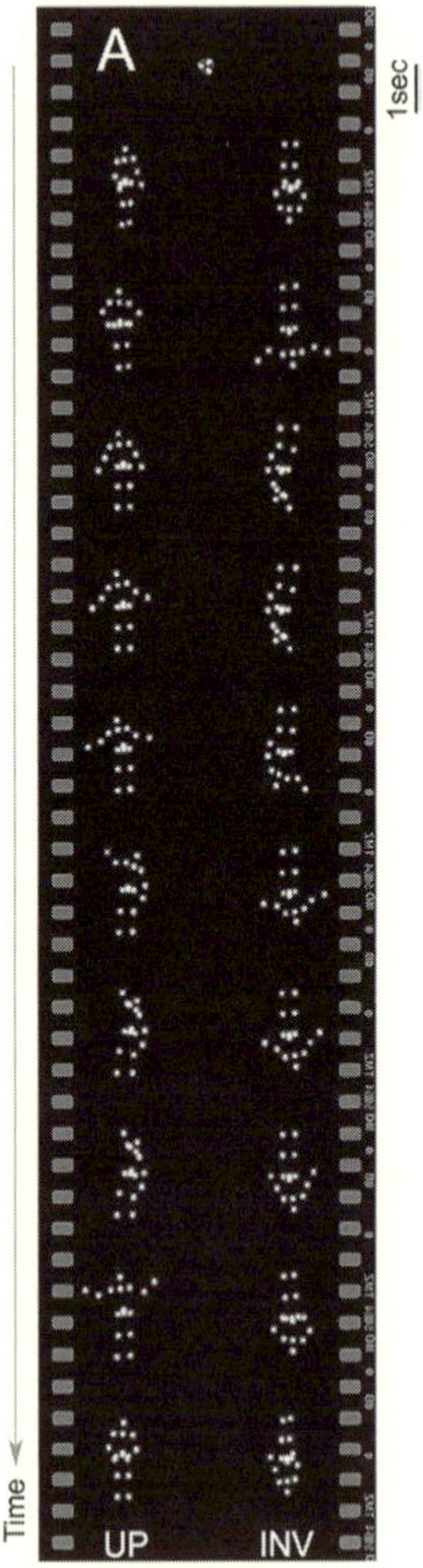

図2-8　提示した映像(Klin et al., 2009[14])
UPはバイオロジカル・モーション、INVは倒立逆回しさせた映像

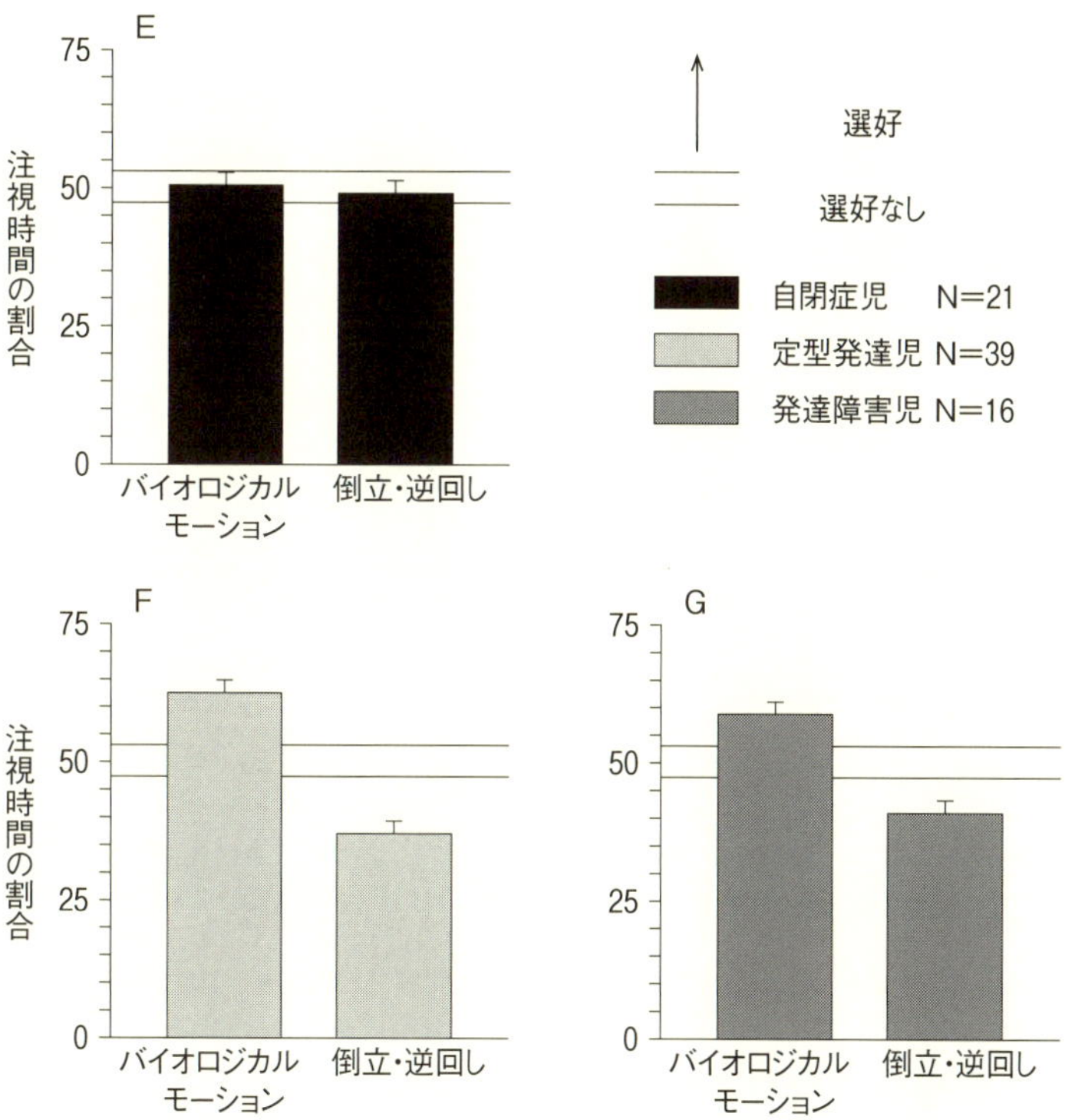

図2-9　バイオロジカル・モーションと倒立逆回しさせた映像に対する注視時間（Klin et al., 2009[14]より）

Eは自閉症児、Fは定型発達児、Gは自閉症でない発達障害児の注視時間
UPはバイオロジカル・モーション、INVは倒立・逆回しさせた映像

自閉症児については、両者の間に有意な差は認められませんでした。定型発達児は誕生わずか1日でバイオロジカル・モーションに注意を向けることが知られていますが、自閉症児については、バイオロジカル・モーションに対する選好が認められなかったのです。

一方、興味深いことも明らかになりました。バイオロジカル・モーションとして提示した映像には、物理的な因果性で随伴する事象（2つの光点が接触する（手を叩く）→何かがぶつかる音がする）が含まれていたのですが、その事象に対する注視時間を測定したところ、自閉症児は、その一部を長く注視したのです。つまり、自閉症児はバイオロジカル・モーションを好んで見ることはないものの、社会的でない物理的に随伴する事象に対しては注意を向ける傾向があったのです。

Klin, A., Lin, D. J., Gorrindo, P., Ramsay, G., & Jones, W. (2009). Two year-olds with autism orient to non-social contingencies rather than biological motion. *Nature, 459*, 257-261.

読書案内

ジャック・ヴォークレール／明和政子（監訳）・鈴木光太郎（訳）（2012）『乳幼児の発達――運動・知覚・認知』新曜社

『動物の心を探る』（新曜社、1999）の著者でもあるヴォークレールが、生物進化の視点から、乳幼児のみならず胎児に関する近年の発達研究を踏まえ、ピアジェ理論の再構成を試みた書。研究方法の革新が、発達研究を牽引していったことがよくわかります。ちなみに、著者はピアジェの最後の弟子とのこと。

フィリップ・ロシャ／板倉昭二・開一夫（監訳）（2004）『乳児の世界』ミネルヴァ書房

乳児が自己・対象・他者について、潜在的とはいえ優れた理解を有していることが、多くの実験データに基づいて紹介されています。いつ何が変化するかだけでなく、なぜそのように変化するかについても踏み込んだ意欲的な書となっています。なぜ生後2ヶ月、9ヶ月に大きな転機が訪れるのか、興味は尽きません。

3章　乳幼児の記憶

2章でみてきたように、人間は生まれる前から記憶が働いており、多くのことを学習することができます。1歳を過ぎるころに爆発的に語彙を覚える時期を迎えることからも、乳児も大人と同じくらいに（もしかしたらそれ以上に）記憶能力が優れているのではないかと考えたくなります。

確かに、以前考えられていたよりも、乳幼児の記憶能力が優れていることが、さまざまな研究で明らかにされてきました。しかし、乳幼児期の記憶は年長の子どもや大人とは異なる特徴ももっていて、発達によって変化していく部分もたくさんあります。記憶の発達は、他の認知プロセスの発達と密接に関連しているからです。

本章では、日常的な場面でよくみられる記憶現象を中心にとりあげながら乳幼児期の特徴を描きだしていくなかで、記憶とはいかなるものか、また記憶の何が、どのように発達するのかについて考えていきましょう。

1　短期記憶と長期記憶の発達

記憶は、蓄えられる時間の長さに基づいて、短期記憶ないしは作業記憶（ワーキングメモリ）と長期記憶に分類することができます。ここではこの2種類の記憶について、その発達をみていきましょう。

（1）短期記憶・作業記憶の発達

短期記憶というのは、情報を一時的に保持しておく記憶です。たとえば、テレビ画面に表示された電話連絡先を記録しなければならないとき、メモ用紙が見つかるまでのごくわずかの間はそれを覚えていることができますが、15秒から30秒以上経過すると難しくなります（ずっと復唱していればより長い間覚えておくことができますが）。これが短期記憶に相当します。短期記憶に一時的に保持できる情報の量は、大人では7±2チャンク程度とされています。[27] チャンクというのは、ひとまとまりとなる情報を表す単位です。たとえばランダムに並べられた数字（例：4、6、2、5、8、7、2…）を聞いたときに、いくつまでなら正しい順番で覚えられるかをテストすると、だいたい5から9ケタの範囲におさまるというわけです。平均すると5歳児で4ケタ、小学校1年生で5ケタ、小学校6年生で6ケタという具合に、年齢とともに覚えられる桁数が増大していきます。

ここで重要なのは、チャンクという概念です。上記の例で示した数列は互いに関連をもたないランダムな数列ですが、このような場合は、数字ひとつひとつが1つのチャンクとなります。しかし、たとえば同じ11ケタの数列がある場合でも、ランダムに並べられた数列は覚えるのが難しいかもしれませんが、電話番号ならそれほどでもないかもしれません。なぜなら数ケタからなる市外局番はひとまとまりのかたまりとして覚えることができるので1つのチャンクとなり、その分、保持しなければならない情報単位の数を減らすことができるからです。一般に年齢の上昇にともなってさまざまな知識が増えていきますから、さまざまな状況においていくつかの情報をまとめてチャンクにすることが上手にできるようになります。その結果、より多くのさまざまな情報を一時的に短期記憶にとどめておくことが上手になるのです。

ところで、実際の学習場面では、単純に情報を保持するだけでなく、その処理も同時に行う場合が多いでしょう。たとえば文章を読むときのことを考えてみると、文章に書かれた内容を心にとどめておきながら、著者の考えを推測したり、今後の展開を予想するなどの処理も行っているわけです。次ページの数列を覚えてから、手で隠し、逆の順番からそれらの数字を思い出してみてください。

4176

これは数列を前から順番に思い出すより難しいでしょう。数列を記憶にとどめておくだけでなく、同時に、数列を逆にするという処理を含んでいるからなのです。このように情報の一時的保持と処理を同時に行う脳のシステムを、作業記憶（ワーキングメモリ）といいます。従来の研究ではこのうち一時的情報保持の機能のみが注目され、短期記憶と呼ばれていました。作業記憶という概念からいうと、従来の短期記憶は作業記憶の一部という位置づけになります。

右で試みていただいた課題は、作業記憶を測定するためによく使用される方法で、複数出題したもののうち、だいたい50％の割合で思い出せる数列の長さが、作業記憶の限界を示す指標として使用されています。[16] この課題だと平均すると大人は4ケタ、4歳児では2ケタであることがわかっています。作業記憶は5歳から11歳まで著しく増大し、15歳になると成人と同レベルに達しますが、個人差が非常に大きいことも指摘されています。

このように短期記憶や作業記憶には保持や処理のできる情報量に限界があり、そのことを指して記憶容量ないしは処理容量といいます。発達にともなって容量が増大していきますが、容量そのものが増大するという考えと、容量全体は変わらないけれども、個々の処理が自動化され効率的になることで、一度に扱える情報量が増えるという考え方があります。

（2）長期記憶の発達

短期記憶に保持されている情報のうち、今後も利用するかもしれない重要な情報は長期記憶に転送されます。長期記憶は膨大な容量をもつ永続的な記憶のことをいい、ここにある情報は必要なときに作業記憶に呼び戻され、さまざまな認知活動に利用されることとなります。長期記憶は、蓄えられている情報の内容から、手続き的記憶、意味記憶、エピソード記憶に細分化されます。手続き的記憶は車を発進させる手続きや自転車の乗り方など、動作として覚えられた記憶で、言語化できるとは限りません（実際にこうした手続きをことばで説明してみてください）。意味記憶は、「馬は哺乳類である」とか「レストランでは席に着くと注文し、食べ終わると支払いをして店を出る」といった一般的知識としての記憶です。エピソード記憶は、「昨日、家族でイタリアンレストランに食事に行き、ピザを食べた」など「いつ、どこで」の情報を含んだ個人的な出来事に関する記憶です。意味記憶とエピソード記憶は、共に言語化できるという意味で宣言的記憶と呼ばれることもあります。

人間は生まれて間もなくから物の扱い方やふるまい方を覚え、1歳を過ぎると急速にたくさんのことばや概念を覚えていきます。そしてそれらの多くを私たちは大人になるまで記憶し続け、必要とあらば使うことができるわけです。こうしたことから、長期記憶のなかでも手続き的記憶や意味的記憶は早期から存在すると考えてよいでしょう。しかし一方で、ことばや概念が急速に増え始めるのと同時期に経験するはずの重要な出来事、たとえば1歳のお誕生日はどのような様子だったのか、歩き始めたのはいつどの場所だったのか、そのとき、親はどのような様子だったかなどについて、私たちは思い出すことができません。つまりごく幼い時期のエピソード記憶は、大人の時点では残っていないのです。私たちはいつごろから過去の思い出をもてるようになるのでしょうか。さらに、後々までずっと残り続けるような思い出はいつごろから、どのようにしてもつことが可能になるのでしょうか。次節では、これらの問題について考えてみたいと思います。

2　思い出という形での記憶の発達

(1)　幼児期健忘

私たち大人にとってのもっとも古い思い出は3、4歳ごろのものであることが多いようです。たとえば、大学生に一番古い記憶を思い出してもらうと、3、4歳ごろのことをあげる者が大半を占めます[51]。裏を返せば、私たちはだいたい3、4歳以前に経験した出来事については、ほとんど覚えていないということです。これは幼児期健忘（infantile amnesia）[12]と呼ばれ、幼児期の記憶の謎として、古くから心理学者の関心を引いてきた現象です。

しかし、もっとも古い思い出はいつのものであるかをはっきりと確かめることはとても難しいことです。最古の思い出は3歳のときに経験した出来事だと自分で思っていたとしても、本当にそれが3歳の時期に起こったことなのか、そもそもそんな出来事が実際に起こったのかを証明しようとすると途方にくれてしまいます。実は心理学実験でも、うまく証明できたといえるような研究はそれほど多くありません。記憶報告の裏付けをとるなどの厳密な手続きを経て実施された最近の研究では、2歳後半の時期（2歳前半は無理だけれども）に経験した印象的な出来事（弟妹の誕生など）であれば、後々まで覚えていられるとの報告がされています（実験コラム参照）[8]。最古の思い出は3、4歳のころの出来事であることがほとんどだけれども、2歳後半くらいからは後々まで残る思い出がもてる可能性があるということなのかもしれません。

しかし稀に、もっと幼い時期の出来事を思い出せるという人もいます。作家の三島由紀夫は『仮面の告白』の冒頭で自身の出生時に経験した産湯についての細かい記憶を語っていますし、最近は、胎児期や誕生時の記憶をもつ子どもの事例を報告した書籍まであったりします（たとえば、チェンバレン[3]、池内[21]）。こうした報告については、どう考えればよいのでしょうか。次のエピソードに基づいて考えてみましょう。

【エピソード】

私の子ども用のベッドはシーツで覆われていた。しかし、柵を通して居間が見えたのを覚えている。蒸気吸入器のブンブンなる音が聞こえ、胸に圧迫感を覚え、ヴィックス・ヴェポラップの匂いがした。今日にいたるまで、ヴィックスの匂いをかぐと胸が締め付けられる…

このエピソードは、ある発達心理学者が、幼いころに気管支炎を患ったときの記憶について報告したものです[2]。しかし彼が母親にこの記憶について思い出してもらったところ、彼は気管支炎にかかったことが一度もないことがわかったということです。その上、それは弟の身に起こった出来事で、そのとき彼自身は3歳だったということもわかりました。

このように人は、実際には体験していないことさえ、自分が体験したと確信をもって想起してしまうことがしばしばあります。心理学では偽りの記憶と呼ばれ、実験的に形成することも容易な現象です[25]。他者から聞いたり、ビデオや写真で見て、後からつくりあげた記憶を、自分の直接経験に基づく記憶だと思い込んでいる場合も少なくありません。したがって、乳幼児期の記憶報告について、実際の体験に基づくものであることを確かめるためには、こうした可能性がないかどうかを客観的に検討することが必要なのですが（たとえば、子どもの語る過去を事実と突き合わせたり、伝聞によるものでないかどうかを調べるなど）、そうした厳密な手続きを経たうえで胎児期や乳児期の思い出の存在を主張しているものは皆無に等しいといってよいでしょう。

幼児期健忘が起こるのは、大人になるまでの長い年月という時間のためであると一概にいうことはできません。大人だけでなく、幼児期にすでに幼児期健忘がみられる（3、4歳直後から3、4歳以前に経験した出来事が思い出せない状況が始まる）という報告[45][47]、小学生におけるもっとも古い記憶の年齢もだいたい3、4歳であるという報告[23]があるからです。

大人が報告する最古の思い出が3、4歳ごろのものが多いことを踏まえると、過去の出来事についての思い出をもてるようになるのもこのころではないかと考えたくなります。実際のところはどうなのでしょうか。まずはこの点についてみていきましょう。

（2）エピソード記憶の発達

過去の個人的出来事についての記憶をエピソード記憶といいます。最近のいくつかの研究は、3、4歳以前の時期でもエピソード記憶をもちうることをうかがわせるものです[10][18]。フィヴァシュたち[10]は、2歳5ヶ月～2歳11ヶ月の子どもを対象に、ディズニーランドに行ったなど印象に残る出来事について語ってもらうという方法で、過去の出来事についての記憶を調べています。「○○へ行ったときに何をしたの？」といった質問から始め、答えられない場合は、「そこで何を見たの」「そこで何に乗ったの」等の質問により手がかりを与えて、答えやすいように導きました。語った内容が3ヶ月以内の出来事であろうと3ヶ月以上前の出来事であろうと、正確に思い出し

た情報の量には相違はなかったということです。多くの場合、実験者が質問して一言二言答え、また実験者が新たな質問をするという形で過去の出来事が語られましたが、いくつかの情報をまとまりのある物語の形で語ることもあったということです（思い出した情報の30％程度）。

また2章で紹介したマンドラーたちの模倣実験[26]を思い起こしてください。この実験では、まだことばをしゃべれない11ヶ月の子どもでも、実験者が示した一連の新奇な出来事（箱の穴にボタンを入れる→箱を振ると音が出る、など）を数ヶ月にわたって覚えていて、再現できることが報告されています。

エピソード記憶の発達には、スクリプトの形成がカギを握るとされています。スクリプトとは、特定の状況において出来事がどのような時間的順序で起こるかについてのまとまりのある一般的な知識構造のことです。たとえば、私たちはレストランで食事をするとき

に起こる出来事の時間的系列を表す「レストランスクリプト」をもっています。子どもにとっては入浴スクリプトや家庭での食事スクリプトの方がなじみ深いものでしょう。2、3歳の幼児でも日ごろ経験する出来事について問うと（たとえば、マクドナルドに行くときどんなことが起こるか教えて）、スクリプトに沿った形で報告できるとされています。[34]

こうしたスクリプトが形成されると、これを利用して特定の日時での経験（たとえば、お誕生日の日にマクドナルドに行ったときには、いつもは買ってもらえないビッグマックとマックシェイクを購入し、支払い後に特別に風船をもらったなど）をエピソード記憶として体制化できると考えられています。一方、スクリプトの形成が十分でない時期は、ルーティーン（手順の決まり切った出来事）の想起に焦点を当てるため、普段とは違う出来事は忘却されたり、取り込まれたりして（たとえば、特別にビッグマックを食べても、ハンバーガーを食べるというといういつものパターンに取り込まれてしまう）、記憶には残りにくいとの考えも提案されています。

ところで、3、4歳以前の子どもたちのエピソード記憶は、「自分が体験した」という認識をともなったものでしょうか。上原[43]は7人の子どもを対象に2歳になる前から4歳前後まで、数ヶ月に1度の割合で母親と子どもにインタビューを行うという方法で調査しました。母子で実験室に来てもらいますが、その際、毎回、言語と記憶に関するチェックリストを渡し、次回のインタビュー時に提出してもらいます。たとえば、「…した」「…あったんだよ」というような過去形を使って話すことがあるかどうか、自分から「…へ行ったよね」など過去の出来事について語ることがあるかどうか、実際には自分で体験していない出来事を語ることがあるかどうかを問う質問が含まれており、インタビュー時にはチェックリストと照らしあわせながら母親から具体的な話を聞くという手続きをとりました。そしてインタビュー時の母親の証言や観察された子どもの様子から、過去のエピソードを語り始めた時期を特定したのです。

すると、確かに2、3歳ごろから母親のことばのオウム返しでなく、「…したんだよ」と過去形で自分が経験した出来事を報告し始めることがわかりました。しかし、この時期の過去の出来事の語りは、単独で語り聞かせるように話すことは難しく、手がかりを与えられながら断片的に過去を語るという程度であり、突拍子もない間違った内容を話すことも多いようです（**表3-1**）。

表 3－1　間違いを含むエピソード報告の例（上原、1998[43] より）

非現実的な話（想像の話）が混ざって実体験として語られるケース
・保育園の移動動物園に、リスの他に、兄くらいの大きいクマが来たと報告（実際には、小動物しか来なかった）。（KN、２歳10ヶ月） ・井の頭公園で「くじらがいた」と発言。（KO、３歳10ヶ月） ・豆まきの話で、おばけがでてきたと発言。（MH、３歳３ヶ月） ・赤ちゃんのとき、おっぱいから、脇にあった２つのシャベルを使って、穴を掘って出てきたと報告。（母親の証言：YA、３歳９ヶ月）
人から聞いたりテレビや写真で見たことを自分の実体験として語るケース
・テレビで沖縄が放映されたとき、実際には行ったことがないが「行った」と発言。（母親の証言：SA、２歳11ヵ月半） ・実際に行っていない場所の写真をもってきて、「自分が行った」と報告。（MH、３歳１ヶ月：MH、３歳５ヶ月） ・「馬に乗った」と発言したので、「どこで？」と質問したら、直前まで会話の内容にでてきた、「キャンプ」と報告（実際には乗っていない）。（KO、４歳）
関係のない現実的な話が混ざっているケース（他の出来事との混同）
・ディズニーランドに、実際には行っていない友達が行ったと報告（実際は家族だけで行った）。（TI、２歳３ヵ月） ・林試の森での出来事を、根津神社でどんぐり拾いをした話と混同して報告。（KN、２歳７ヵ月） ・実際には別なことが原因で紛失したものについて「パパが怒ったから…捨てたからなくなっちゃった」と報告。（母親の証言：SA、２歳11ヶ月半） ・前のインタビュー時に何をしたかの話で、「船やった、お父さんくるまで」と意味不明な報告をした。（MH、３歳５ヶ月） ・以前にピーターパンの踊りを練習したことはあったが、実際には、見たことはないにもかかわらず、「テレビで見た」と発言。（AH、３歳２ヶ月）

＃母親の証言と記されたものは、母親から具体的にうかがうことができた話。それ以外は、インタビュー時に、収集した発言。

また過去に自分が経験したという意識が明確ではなく、手がかりに関連した知識を語っているような印象を受けるとも指摘されています。

さらに、過去の個人的出来事を語り始める2、3歳ごろの子どもに対して、過去を問う質問（「さっきこの絵を見ましたか？」「さっき見たのはどっちの絵か教えて」というような再認質問）をすると、うまく答えられないこと（無反応であったり、まったく関係のない答えをしたり、全部の絵に「見た」と答えたり、見たことのない絵の方ばかりを指さすなど）がほとんどでした。つまり、過去に経験した出来事かどうかを問われても、実際に自分が経験したかどうか、意識的に思いをめぐらせることが難しいようなのです。こうしたことが可能になるのは、3〜4歳以降になるようです。

「自分が過去に体験した」という意識は、4〜5歳にかけて飛躍的に発達するとの報告もあります。幼稚園の運動会でぶっつけ本番で行われた親子競技についての幼

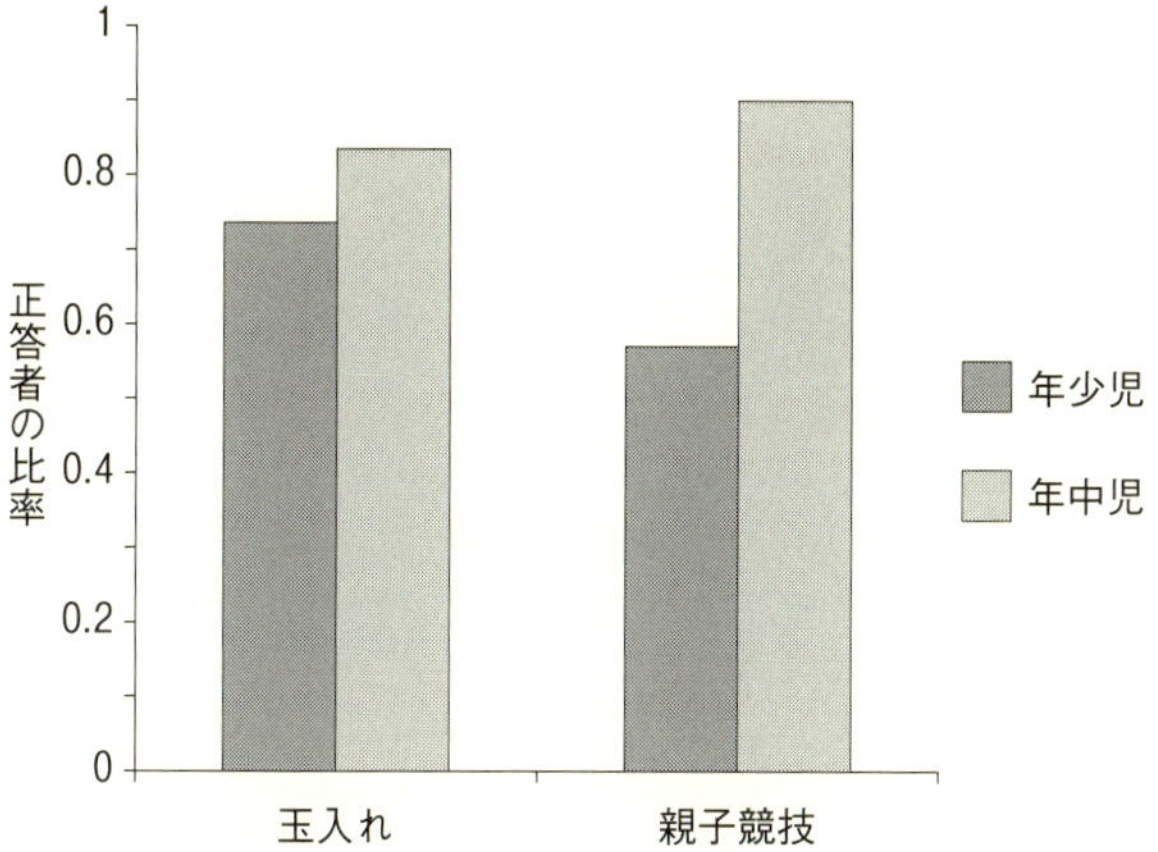

図3－1　玉入れの結果と親子競技の報告の正答者の比率
（上原，2011[48]より）

児の記憶を調べた研究[42]を紹介しましょう。親子競技は「子どもがタンバリンをならし、ロープの上に飛び乗り、親がテレビヒーローのマスクをかぶる」などのように、複数の短いパフォーマンスからなるものでした。この研究では4、5歳児に対して運動会後に計3回のインタビューを実施しました。第1回目のインタビューは運動会の2日後に実施され、親子競技の内容に加えて玉入れの勝敗の結果について報告してもらいました。「運動会の親子競技では何をしたのかな」と質問をすると、4歳より5歳の子どもの方がより正確に競技での出来事を思い出すことができました（**図3－1**）。これに対して「玉入れでは紅組と白組のどちらが勝ったの？」という、結果さえ覚えればよいタイプの質問への反応には差がありませんでした（**図3－1**）。第2回目のインタビューは、第1回目のインタビューの1週間後に行われましたが、ここでは、2日にわたって親子競技の内容について嘘の情報を語り聞かせました。ここでのポイントは、嘘の情報として①「お母さんと一緒に怪獣をやっつけたね」といった非現実的な嘘情報、②「親子で電車になったふりをしたね」といった、実際には起こらなかったけれども現実的な嘘情報を与える子どもに分けたことです。その1週間後に第3回目のインタビューが実施され、第1回目と同様に親子競技の内容についてのインタビューをしました。その結果、嘘の伝聞情報を実際に体験した競技内容として報告した5歳児は皆無だったのに対し、4歳児では17名中5名にみられました。そして吹き込まれた嘘の情報が現実的（親子で電車ごっこをした）であろうと非現実的（親子で怪獣を倒した）であろうと、4歳児では実体験として報告した子どもがいたのです。こうしたことから、4歳児は過去に経験したことや伝聞したこととの記憶はできるものの、何が自分の経験したことであり、何が経験していないのかという点が欠落して記憶されている場合が少なくないことがうかがえます。

フィヴァシュたちやマンドラーたちの研究結果をみると、3、4歳以前の子どもでも、過去の個人的出来事についての記憶はありそうに思われます。しかし上原の報告を踏まえると[42][43]、「自分が体験した」という認識を明確にともなうかどうかは定かではありません。このころは、自己体験的意識をともなって思い出せる場合もあるけれど、そうでない場合が非常に多いということなのかもしれません。そのように考えると、この時期の子どもの過去の出来事についての記憶の大半は、大人のエピソード記憶とはかなり異なるといえるでしょう。「自分が体験した」という意識をもてるようになると、後々までずっと残る思い出ができ始め、幼児期健忘が終焉を迎えるとの主張もあります[48]。

(3) 自伝的記憶の成立に関与する要因

エピソード記憶のうち、自分自身が個人的に体験したという強い確信がともない、自己のライフストーリーにとって意味のある記憶のことを、自伝的記憶といいます。この自伝的記憶は3、4歳以降に成立し、幼児期健忘が終焉を迎えるというのが大方の研究者の考えです。それでは自伝的記憶の成立には、何が関与しているのでしょうか。

自伝的記憶はエピソード記憶の一種ですから、当然、エピソード記憶の発達に関与する要因が自伝的記憶の成立にも関与すると考えられます。たとえば、前項で紹介したスクリプトの形成も、もちろん自伝的記憶の成立要因のひとつとして含めることができますし、そのように論じられることも少なくありません(たとえば Fivush & Hammond[11])。

自伝的記憶は、自己体験意識を明確にともなうという点が特色です。自己体験意識をともなう想起を可能にする要因としては、次のようなことが考えられています。

自己意識の発達

自伝的記憶の成立には、自己意識の発達がかかわるとの指摘があります[20]。自伝的記憶は「私の身」に起こった出来事の記憶であるため、さまざまな経験の記憶を統合しうる自己が形成されている必要があるのではないかというのです。鏡に映った自己像を自分だと認識できるようになるのは平均すると2歳前後ですが（詳しくは7章参照）、早い時期（19ヶ月）に鏡像認知ができるようになった子どもは、後になって（32ヶ月時）より多くの過去経験を語ることができるという報告があります[19]。最近では、3、4歳時に成立する時間的拡張自己（過去・現在・未来と時間的に連続した自己の意識）の成立（詳しくは7章参照）が、自伝的記憶の成立基盤としてより重要なのではないかとの主張を検討する試みが進行中です[29][22]。

自己の内面の意識化

幼児期健忘がみられなくなる、つまり自伝的記憶が成立する4歳ごろは、さまざまな側面で認知発達上の大きな変化がみられます。たとえば、心の理論の獲得においては誤信念の理解が進むのがこの時期です（5章参照）。また個々の友人への持続した感情や人物像が形成され始めたり、他者の意図をくみながら共有の話題を展開できるようになるとの指摘もあります[44][46]。これらの認知能力に共通して働いているのは、自己の内面を意識的に把握する能力であり、この能力の発達により、過去の出来事について「自分が体験したか否か」を意識的に思いめぐらすことができるのではないか、そして「自分が体験した」という意識をともなうことが、自伝的記憶の成立の前提ではないかとの主張がなされています[44][45]。

過去の出来事についての親子間での語り

ネルソンやフィヴァシュたち[32][33]は、子どもと養育者間での過去の出来事の語りという社会的要因が、自伝的記憶の成立に重要な影響を及ぼすと考えます。子どもがまだうまく話せないうちから、養育者は子どもに過去の出来事や体験を尋ねながら、断片的な情報から意味のある話のまとまりへと記憶の語りを組み立てていきます。ほんの片言しか話せない時期には、どのようにして語りを構成していくかはほぼ養育者に委ねられますが、ことばが上達するにつれて徐々に子どもも語り合いに参加できるようになり、相互的に語りが構成されるようになります。次のエピソードをみてください。

【エピソード】

子ども：先生、昨日、ライオンさん見た。
保育士：ええ!!　あっ、テレビで見たのかしら?
子ども：ううん。ちがうけど。
保育士：あっ、サファリランドに行った?

子ども：そう。
保育士：ライオンさん、何してたの。
子ども：あのね、ガオーってね、肉を食べたの。あげたの。
保育士：あ、Tちゃんが、ライオンさんに肉をあげたのね。怖くなかった？
子ども：ううん。

これは3歳児と保育士との会話です。保育士が子どもに「どこで」「何を」「どうした」などの質問を重ねることで、うまく子どもの記憶を引き出し、ライオンにまつわる経験が豊かに再現され、最終的に、2人の協同作品としてのまとまりのある過去の話が構成される様子がうかがわれます。こうした相互的な会話の過程で、子どもはどの情報が思い出すべき重要な意味をもち、どのように記憶の語りを構成するかを学ぶと考えられます。

ところで、家庭での母子の会話スタイルには個人差のあることが知られています。フィヴァシュたち[9]は、2歳半の子どもとその母親のペア10組を対象に、自然な場面での会話を記録し、分析しました。当初母親には、過去の出来事についての子どもの記憶に関心があると伝えてありました。実験者だと子どもが緊張するので、代わりに母親が子どもの記憶を引き出すようインタビューしてくださいと伝え、会話を始めてもらいます。会話がすべて終了したのちに、真の研究目的――母親が過去の出来事についての子どもとの会話をどのように構造化しているかを調べること――を説明します。このような手続きを経て採集された母子会話の記録・分析から、2つの会話スタイルがあることがわかりました。

ひとつは、精緻化型（elaborative）の会話スタイルと呼ばれるものです。これは、母親が子どもと共有した出来事について、もうひとつのスタイルよりも長く会話を続け、出来事の内容をさまざまな角度から質問をしたり、情報を与えたりして豊かに脚色し、物語のように体系立った構造につくりあげていくようなスタイルです。子どもがうまく思い出せない場合は、情報を付け加えたうえで思い出しやすい質問をすることが多く、出来事について長く詳しい説明や確認をする傾向も高いようです。

一方、繰り返し型と呼ばれる会話スタイルをとる母親もいます。これは、会話が短いだけでなく、同じ質問を繰り返し、内容が豊かになっていかないタイプのスタイルです。

フィヴァシュたち[9]が紹介している両スタイルの事例を次に示しました。彼ら[37]が指摘するように、精緻化型の母親は過去の共有体験についての会話を子どもとより親しくなるための活動としてとらえ、子どもと協力して再構成することを目指しているのかもしれません。一方、繰り返し型の母親は、子ども自身の記憶能力を試す場として会話をとらえているのかもしれません。この研究では、精緻化型の母親の子どもは、過去の経験をより多く想起し、語るということも報告されています。

〈精緻化型の会話の例〉

母親：あなたが弟を初めて見た日、オースティン・エリザベスがあなたに買ってきてくれたものを覚えてる？　彼女があなたに買ってきてくれたもの覚えてる？

子ども：うん。

母親：この世であなたが一番好きなものよ。あなたの一番好きな友だち。それは誰？

子ども：赤ちゃんだったディロン（この子どもの弟）

母親：赤ちゃんだったディロン？　それってあなたが一番好きな友だち？

子ども：うん。

母親：本当に特別なもののことよ。私が話してたのはフワフワして茶色ですごく柔らかいもののことなんだけど。

子ども：うん

母親：あなたがそれを手に入れた初めてのときだったんだけど。
子ども：うん
母親：毎晩、誰と一緒に寝ているのかしら？
子ども：テディ・ベア。
母親：そう、それよ。

〈**繰り返し型の会話の例**〉

母親：去年のクリスマスのこと覚えてる？
子ども：去年のクリスマス。
母親：クリスマスに何をもらった？　覚えてる？
子ども：なんだっけ。
母親：何も覚えておけないのね。ダンプカーについてはどうかしら。ダンプカーについては覚えてる？
子ども：うん。
母親：他には何をもらったかしら？
子ども：なんだっけ。
母親：サーカスに行ったこと覚えてる？

別の研究では、こうした会話スタイルは、少なくとも子どもが40〜70ヶ月くらいまでの間は一貫しているとの報告がなされています[37]。その上、40ヶ月時の会話スタイルが2年後の子どもの会話の質を予測すること、後半になると母親の会話の質が子どもの記憶に一方向的に影響を及ぼすのではなく、双方向的なものへと変化することも示されています。

以上の研究結果は、冒頭で述べたネルソンやフィヴァシュたちの主張を支持するものといえるでしょう。

さらに、2、3歳の子どもが後に独自の個人的体験として思い出せる事柄は、体験をしている際に大人と語り合った情報のみであるとの報告[17]、幼児期における親子間の会話の様子が西欧圏とアジア圏で異なり[50]、西欧人の方が東洋人よりも遡って思い出せる最古の記憶の年齢が低い[28]といった報告からも、ネルソンやフィヴァシュたちの主張はもっとものように思われます。

言語発達

自伝的記憶の成立には言語の発達が深く関与することが指摘されています。出来事を経験した時点においてある程度の言語能力をもつ場合、数年経った後もその出来事を思い出せるけれども、そうでない場合は難しいという報告があります。ある研究では、ケガをして救急医療を受けた1、2歳児を対象に面接調査を行っています[36]。事故の時点で生後26ヶ月以上で、自分の経験について言語報告できた子どもは、2年後も当時の状況を正確に話す傾向が高かったのに対し、より年少の子どもたちはわずかな内容しか思い出せなかったといいます。言語は経験した出来事を意味のあるひとつの物語としてまとめたり、思い出すときの手がかりとして機能するといった効果があると考えられます。

以上のことから、エピソード記憶や自伝的記憶など、思い出という形での記憶は、単独に発達していくものではなく、社会・文化的影響のもと、認知・言語的諸側面の発達と密接に絡み合いながら構成され、乳幼児期に大きな変化がみられるといってよいでしょう。自伝的記憶の成立にともない消失すると考えられる幼児期健忘にしても、単一の要因からなる単純な現象ではないことは確かです。

3 目撃記憶――子どもの証言は信用できるか

子育てや、子どもにかかわる仕事をしている場合、過去の体験を思い出して、正確に話してもらわなければならないことが時おり生じます。たとえば、大人の見ていないところで子どものケガやトラブルが発生した場合、その後の処置や対応をうまくするためには、当事者や周りの子どもから正確な情報を聞き出せた方がよいでしょう。しかし、そもそもそれは可能なのでしょうか。

またどのような聞き出し方が効果的なのでしょうか。本節ではこうした問題に対して、ヒントを与えてくれる、子どもの目撃記憶についての知見を紹介します。

(1) 記憶の再構成と目撃記憶

人間の記憶は、必ずしもビデオの記録のようなものではありません。経験したことは、それを覚えるとき(記銘時)、保持しているとき(貯蔵時)、思い出すとき(想起時)など、すべての記憶過程において、多少なりとも変容するものなのです。たとえば、1年前、2年前のお正月に何をしていたか、共に過ごしていた人たちと思い出話をしてみてください。話の食い違いの大きさに驚くことになるかもしれません。各自が同じ体験を素材に、記憶を自分なりに加工し再構成していることの表れでしょう。

こうした記憶の変容は、事故や犯罪などを目撃して、それを証言するまでの過程においてもみられます。この分野の第一人者であるE・F・ロフタスの研究を皮切りに、大人でさえ目撃した出来事について乏しい、不正確な記憶しかもたない場合が多いことが示されてきました。子どもの目撃証言についての研究が盛んになったのは1970年代からで、子どもの誘拐や虐待などの犯罪増加という米国の社会的背景が影響していたようです。そしてこの目撃記憶のあやふやさは、成人よりも子どもにおいてより顕著であるらしいのです。

幼児を対象としたこれまでの研究において、証言の不正確さの原因としてもっとも注目されてきたのは、「誘導のされやすさ」です[41]。そこで以下では、誘導のされやすさに関する知見をみていきましょう。

(2) 被暗示性

被暗示性とは外からの情報による誘導のされやすさのことで、幼児の証言は他者のことばなどに誘導されやすいことがわかっています。ある研究[24]では、保育園の教室に見知らぬ男性であるサムを登場させ、約2分間にわたって教室で和やかな感じで過ごしてもらいました。そして、その10週間後にサムが訪問したときの出来事を子どもたちに質問したところ、サムの訪問前に「サムはドジでよくものをこわしてしまう」といった事前情報を与えられていた子どもや、サムの訪問後に「サムは本を破いちゃったのを覚えている?」など、実際にはサムが行っていないいたずらを示唆するような情報を含む誘導的インタビューを数回受けた子どもは、これらの情報に沿う形で実際にはなかったことを報告することが多かったのに、誘導情報をまったく与えられなかった場合は、どちらの年齢の子どもも間違った報告をすることはほとんどありませんでした。誘導情報によって誤った報告が増加する傾向は5~6歳児よりも3~4歳児で強くみられたことから、年少の子どもほど誘導されやすいことがわかります。

幼児の誘導のされやすさには対人的原因と認知的原因の2つの原因[15]が関与すると考えられます。対人的原因とは、社会的圧力や権威のある人に屈してしまうなどのことです。子どもにとっては、大人は何でもできて物知りな存在であると感じられる場合が多く、大人の何気ない一言で暗示にかかることは少なくないと考えられます。たとえば、子どもが親に「その人は赤い服を着ていた」と述べたとします。赤い服ではなく青い服を着た人物であれば思い当たる節があると考えた親が、「ほんとに？青い服ではなかった？」と尋ねたとします。この問いに対して子どもが「青い服だったかもしれない」と答えを変えたとすれば、親という権威ある人物による暗示にかかってしまったのかもしれません。

認知的原因とは、よく覚えていないとか、はっきりわからないといった状況が、外からの情報を受け入れやすくするといったことを指します。子どもは記憶をはじめさまざまな認知能力に制約があることから、こうした状況におかれることは少なくないでしょう。たとえばよく覚えていない状況で、「青い服だったんじゃない？」などと言われると「青い服だった」と思い込んでしまうかもしれません。

(3) ソースモニタリング

ソースモニタリングとは、ある特定の記憶や知識について情報源が何であったかを判断することを指します。たとえば「交差点で車が人をはねた」ということを知っていても、それを自分の目で見たのか、人づてに聞いたのか、あるいはメディアからの情報なのかを区別できなければ、ソースモニタリングに失敗したことになるわけです。

たとえば、4歳～8歳の子どもに「キリンは啼かない動物です」といったなじみのない事実を10個教えるという実験があります。[7] 半分の事実は実験者が、残り半分はパペットが教えました。1週間後にテストしたときに、情報源を正しく特定できた事実の割合は4歳児では24％（6歳児47％、8歳児40％）にすぎず、全く関係のない親やテレビなどを情報源として挙げることも多くみられました。ソースモニタリング能力は4歳から8歳の間に飛躍的に発達するようですが、[7][38] ソースモニタリングに失敗する子どもは、嘘の情報に誘導されて、実際の経験とは異なる報告をしやすいとの結果も示されています。[38]

通常、目撃から証言までの過程のなかで、人はたくさんの質問を受けることになります。ソースモニタリングの難しい幼児は、あれこれ質問されるうちに、質問に含まれていた情報と自分の体験を混同してしまうことが多いことは容易に予想されます。

（4）質問の仕方

被暗示性が高いというだけで子どもの証言が不正確になるとは限りません。誘導されてしまったときに不正確になるのであり、誘導情報は質問によってもたらされることが多いといえます。そこで、子どもから正確な証言を引き出すためには、誘導的にならない質問の仕方を工夫することが必要となります。質問の仕方によって証言にどのような影響があるかをみていきましょう。

証言を引き出すための質問には、「何があったのか話してください（自由報告式質問）」「そのときあなたはどこにいましたか（Wh-型質問）」といった応答の範囲が広いオープン質問と、「その人はカバンを持っていましたか（「はい・いいえ」型質問）」「その人のカバンの色は青でしたか？赤でしたか（選択式質問）」といった応答範囲の限定されたクローズ質問があります。後者は、たとえ答えがわからなくても何らかの反応を誘発し、結果として不正確な証言が増えることが指摘されています[14]。

1章でも紹介しましたが、とりわけ3歳ごろの幼児は、「その人はカバンを持っていましたか」といった「はい・いいえ」型質問に対して、答えがわかってもわからなくても「はい」と答えてしまう傾向が強くみられます（5歳になると消えるといわれています）。証言という文脈に限らず、一般に幼児は大人からの「はい・いいえ」型質問に「はい」と答える肯定バイアスが強いといわれていますが[35]、これが目撃証言でもあてはまるというわけです。

肯定バイアスが生じる理由のひとつとして、証言や面接でのコミュニケーションと、日常会話のギャップが考えられます。幼児の日常生活を考えてみると、そこでの質問は「要求」や「確認」であることが多いでしょう。[31]「ごはんすんだ？」「お片付けしないの？」などの質問は、「ごはんを早く食べなさい」「片付けなさい」という「要求」の意味で用いられ、そこでは当然「うん」と答えることを期待されているわけです。一方、証言や面接の場では大人は子どもの考えを聞こうと質問をするわけですが、幼児は日常会話の作法を持ち込んでしまい、どのような質問にも安易に「うん」と答えてしまうのかもしれません。

さらに、同じ質問を繰り返すことも、子どもの証言を誘導しがちであることが知られています。質問が繰り返されると、幼児は「さっきの答えは間違っている」という社会的圧力として受け止め、最初の答えとは変えてしまうことが少なくないのです。

目撃記憶の研究から、子どもから正確に過去の経験についての話を引き出すことはいかに難しいかがよくわかります。そして、子どもが安心して話す雰囲気や、できるだけオープンな形式で質問することなど、質問の仕方に細心の注意を払うべきであることにも納得いただけたことと思います。いかにして子どもから正確な記憶を引き出すかについては、司法場面における面接のガイドライン（たとえば、アンドリッジとウッド[1]、仲[30]）が大いに参考になります。

4　記憶発達をもたらす知識

ここまでの話では、子どもの記憶は大人にはかなわないという印象を強くもたれた方が多いかもしれません。しかし時には、子どもが大人の記憶を凌駕することもあります。それはどのようなときに生じるのでしょうか。

（1）領域知識──知識か年齢か

【エピソード】

『ワンピース』という海賊漫画が老若男女を問わず大人気です。6歳のフクは、テレビアニメ版を見てから夢中になり、コミックス全60数巻を1ヶ月少しで読破してしまいました。その後も部分的に繰り返して読んだりしています。父親はコミックスこそ読む時間はなかったのですが、『ワンピース』の劇場版アニメ（複数出ている）をたいそう気に入り、ビデオを借りてきてはフクと見る

ことが何回かありました。ところが2人の様子を観察してわかったことは、劇場版アニメの内容について、フクの方が圧倒的にたくさんのことを覚えているということです。ビデオの題名を見ただけで、どのキャラクターが登場し、どのようなストーリー展開だったかなどを詳しく思い出すことができるようなのです。

大人は子どもよりも物事を覚えるのが上手だ、と感じることはしばしばあるのではないでしょうか。たとえば、大人であれば、夕食分の買い物リストくらいだったら、メモがなくても覚えていられるのに対し、幼児ではそうたくさんの品目を覚えることはできないでしょう。しかし上記のようなエピソードを目の当たりにすると、はたしてこの考えがいつでも正しいかどうか疑念がわいてきます。同じ内容のアニメを同じような意気込みで視聴したにもかかわらず、父親よりも

子どもの方が映画の内容を細部にわたってよく記憶できているようだったからです。特定の物事について大人顔負けに詳しい子ども、電車博士、昆虫博士、恐竜博士などをみかけることは、珍しいことではありません。そうした子どもと接した機会がある方は、上述のエピソードと類似の経験をされたことがあるのではないでしょうか。

こうした現象をどのように説明すればよいのでしょうか。そのひとつの答えとして注目を集めてきたのは、記憶を左右するのは年齢よりも知識の量や質であるという考え方です。ある事柄について知れば知るほど、その事柄に関する新しい情報を覚えたり、推論するのが容易になると感じたことはないでしょうか。逆にあまり知らない事柄については、この反対のことを感じることが多いでしょう。一般的には、あらゆる領域の知識は年齢の上昇にともなって質量ともに豊富化するため、年齢が記憶を左右するように思えます。ところが、子どもでも、あることについて年長者以上に詳しくなれば、年長者よりも記憶能力を発揮できることがあるのです。上記のエピソードでいえば、フクだけがコミックスを熟読していたことにより、父親よりも質量ともに豊富なワンピース知識をもっていたため、映画の内容をうまく記憶できたということなのかもしれません。

記憶において知識が年齢よりも重要であることを劇的に示したのが、チー[4]という認知科学者です。彼女はチェスに熟練している（故にチェスの知識を豊富にもつ）6歳から10歳までの子どもと素人の大学院生を対象に、チェス盤上のコマの配置の記憶を比較しました。平均して22個のコマがボード上にあり、10秒間ボード上のコマの位置を覚えた後、コマの位置を再現するように求めました。正しい再現数や、すべてを正しく再現できるまでの試行数を比較したところ、いずれも熟練者の子どもの方が素人の大人より圧倒的に成績が良いことが示されました（**図3-2**）。

チェスに関係のないランダムな数列の記憶だと、逆に大学院生の成績の方が良いことから、チェスという領域にとどまらない一般的な記憶能力の高い子どもばかりがチェスの熟練者であったという説明は成り立ちません。熟練者の子どもは、チェスの豊富な知識を活かし、コマの組み合わせを「熟知した配置」としてひとまとまりのチャンク（本章1節に詳しい説明があります）にして記憶することで、短期記憶に保持せねばならない情報単位を節約できるのだと考えられます。

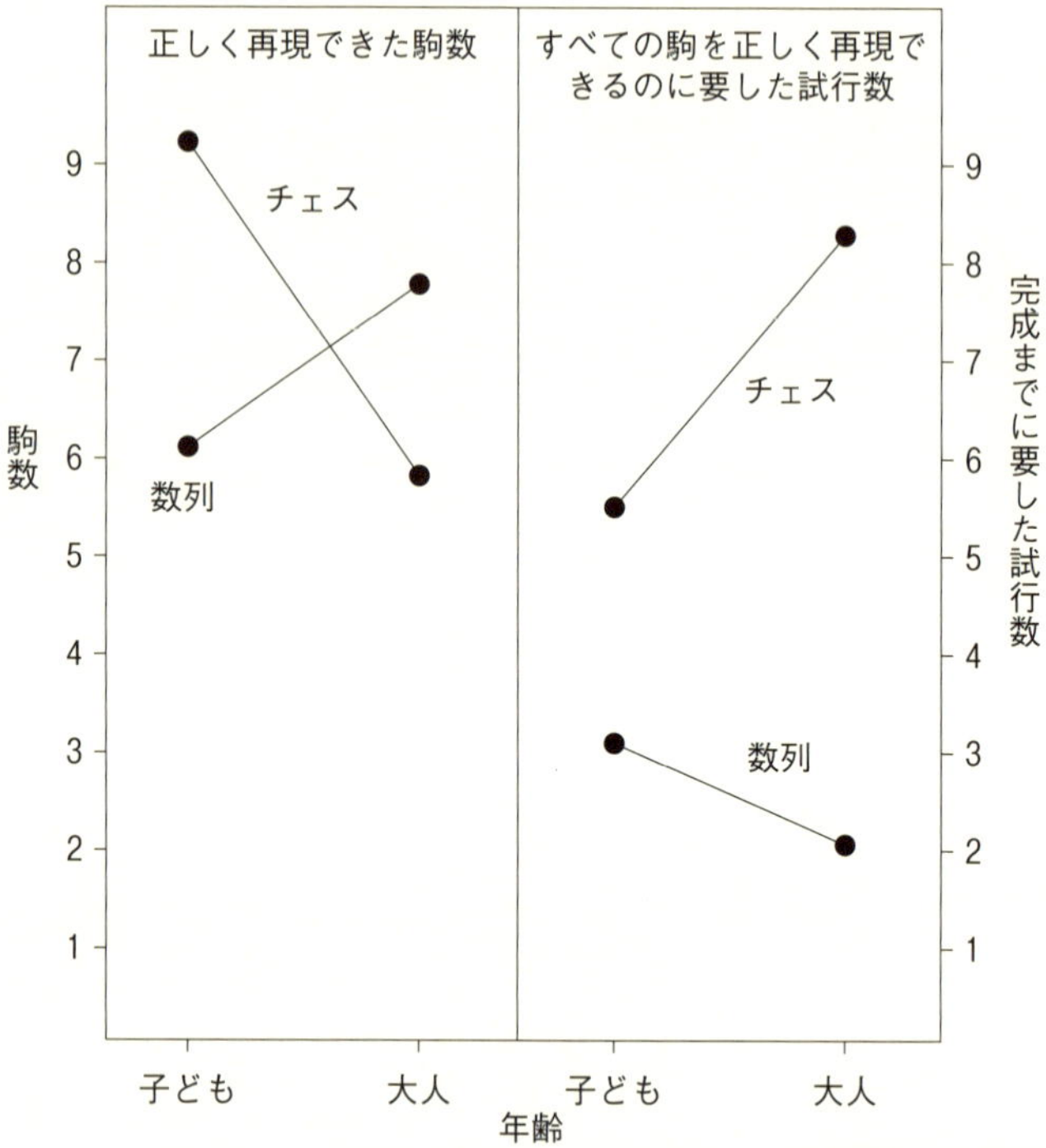

図 3-2　チーたちの実験の結果：チェス盤上のコマの配置についての記憶成績

（Chi, 1978[4]より）

（2）知識構造と記憶

ある領域に熟練している子どもは、素人と比較すると、知識量が優れているだけでなく、その構造化の程度が高い（情報がうまく関連づけられ、整理されている）との報告もなされています。恐竜について詳しい恐竜エキスパートの幼児や小学生を対象に検討した研究によると、恐竜に詳しい子どもは、異なる種類の恐竜を共通属性に基づいて少数のグループにまとめて覚えていること[5]、目に見えない属性（食性など）にも気づいていること、属性についての知識を因果に基づいて関連づけていること（その恐竜には水掻きがあるので泳げる、鼻がアヒルのくちばしのようだからそういう名前がついている、など）などがわかっています[13]。よく整理された知識構造をもつことにより、記憶や学習が促されるのでしょう[6]。

これまでの研究で、領域知識は記憶のあらゆる側面に影響を及ぼすことがわかっています。想起できる量、何を想起するかその内容、記憶容量や符号化などの記憶の基礎過程、記憶方略の使用や獲得、メタ記憶（記憶過程や記憶に関連する事柄についての知識、記憶過程の評価・制御・監視のこと）に影響を及ぼすとの報告がなされています[40]。

私たちは普段、一般的な記憶能力が発達するおかげで次第に各領域の知識を増やしていくことができると考えがちです。確かにそうした面もあるでしょう。しかし逆に、特定の領域の知識の量や質によって記憶の働きが左右されるという側面もあるのです。本節で紹介した研究は、このことを印象的に示しているのです。

こうした考え方は、新しい物事の記憶や学習を促す支援を考える際の、良いヒントを与えてくれるように思います。これから覚えることに関連する知識を使用しやすくすることが重要だといえるでしょう。それによって記憶が効率的に働き、新たな知識が蓄積されやすくなるでしょう。また知識内の情報がうまく関連づけられ、整理されている状態であれば、記憶もより助けられることでしょう。

では生まれて間もないころの記憶や学習はどうなのだ、そのような時期にはまだ知識がないではないかという声が聞こえてきそうです。しかし他の章でも紹介するように、人間はまったくの白紙の状態で生まれてくるのではなく、誕生間もないころから世界を認識するための基盤を備えていることがわかってきているのです。そして、こうした基盤を核にして、いくつかの重要な領域――物、生物、心――については、就学前までには「理論」とも呼べるような豊かな知識システムを構成すると多くの発達心理学者が考えています。早期から容易に知識獲得が進む領域に注目し、そこでの知識をうまく使用できるように支援していくことで、乳幼児期の記憶や学習は大いに助けられると考えられます。

おわりに

確かに乳幼児を見ていると、年長の子どもや大人に比べて、何かを覚えたり、思い出したりすることに未熟さを感じることは少なくありません。しかし、大人に比べて子どもは記憶能力そのものが未発達であるといった単純な考えで説明しきれるものではないようです。本章でみてきたように、記憶はそれ単独で発達していくものではなく、他の認知能力や言語の発達、知識の増大などと絡み合いながら、相互に発達していくもののようです。また、記憶はビデオテープのようなものではありません。過去経験を受動的に記憶に取り入れ、そのままの状態で取り出すのではなく、経験を素材としつつも、さまざまな状況や情報に基づいて能動的に記憶を加工・構成していく過程です。子どもの記憶の誤りやすさは、むしろさまざまな状況や情報に基づいて能動的に世界を理解しようとすることの反映といってよいかもしれません。

〈実験紹介〉幼児期健忘の終焉時期はいつか？　3歳以前に経験した出来事についての記憶

【目的】

多くの人は、3歳以前の出来事を思い出すことができません。これは幼児期健忘と呼ばれる現象ですが、幼児期健忘の終了時期を正確に測定することは大変に難しい問題です。そのための手法として、弟妹の誕生や自身の入院といった、起こった時期をはっきり特定できる出来事についての記憶を探る方法が使用されてきました。

アッシャーとナイサー[49]は、2歳後半の時期に体験した弟妹の誕生については成人期でも想起できることを示し、3歳以前の出来事についての記憶の存在を示した重要な研究として幅広く引用されてきました。しかし、実験参加者の数が非常に少なかったうえに、記憶報告の裏付けも不十分であったことが問題です。また、実験参加者が、実際には当時のことを覚えてなくても、家族との会話から得た知識や家族固有の状況（これらを家族知識と呼びます）に基づいて報告していた可能性が残ります。

そこでアッシャーとナイサーの研究に修正を加えたうえで、追試することにしました。この研究では、①自分が2、3歳のときに誕生した弟妹がいる者、②自分が誕生したときに3歳以下であった兄姉がいる者をたくさん集めました。①の対象者に対しては、弟妹の誕生に関連して自分が経験した出来事を、②の対象者に対しては、自身の誕生に関連して兄姉が経験した出来事について質問しました。①の対象者は、出来事についての自身の経験に加えて、家族知識も報告の際の情報源となりうるわけです。一方、②の対象者の場合は、家族知識しか情報源がないはずです。この2つのグループを比較することで、家族知識が想起において果たす役割を調べることができるというわけです。

【方法】

きょうだい（兄弟姉妹）が1人だけおり、自身の子どもをもたない学生を対象に質問紙調査を実施しました。そのうち、自身が2歳0ヶ月〜3歳3ヶ月の間に弟妹の誕生を経験した学生69名（平均年齢20歳11ヶ月）を想起群として、弟妹の誕生について32の質問を実施しました。たとえば「お母さんが病院に行ったとき、あなたは何をしていましたか」「お母さんが入院している間、誰があなたの世話をしてくれましたか」などの質問です。さらに年齢差が3歳3ヶ月以内の兄姉をもつ者57名（平均年齢19歳10ヶ月）を報告群とし、対象者自身の誕生の際の兄姉の経験について想起群と同様の質問をしました。たとえば「お母さんが入院している間、お兄（姉）さんの面倒をみていたのは誰ですか」などです。回答の正確さを母親に判定してもらうための質問紙調査を実施しました（対象者の60％の母親の質問紙が分析可能でした）。

【結果】

図3-3は想起群の結果で、弟妹の誕生時の出来事について少なくとも1つ（斜線部分は3つ以上、交差線部分は1つか2つ）の質問に回答可能であった対象者の割合を経験年齢別に示したものです。弟妹の誕生を経験した年齢が2歳3ヶ月以下の場合、それ以降である場合と比較して、3つ以上の質問に回答可能であった対象者の割合が有意に低いこと、回答できた質問数も有意に少ないことが示されました。ただし、母親からの裏付け質問紙を分析したところ、2歳代の記憶報告であっても、間違いだと判断された報告が多いわけではないことが示されました。

報告群は想起群と比較して、どのような質問に対して回答しやすいかという点では大きな差はありませんでした。しかし報告群の対象者は、想起群より回答可能な質問数が有意に多いこと、細か

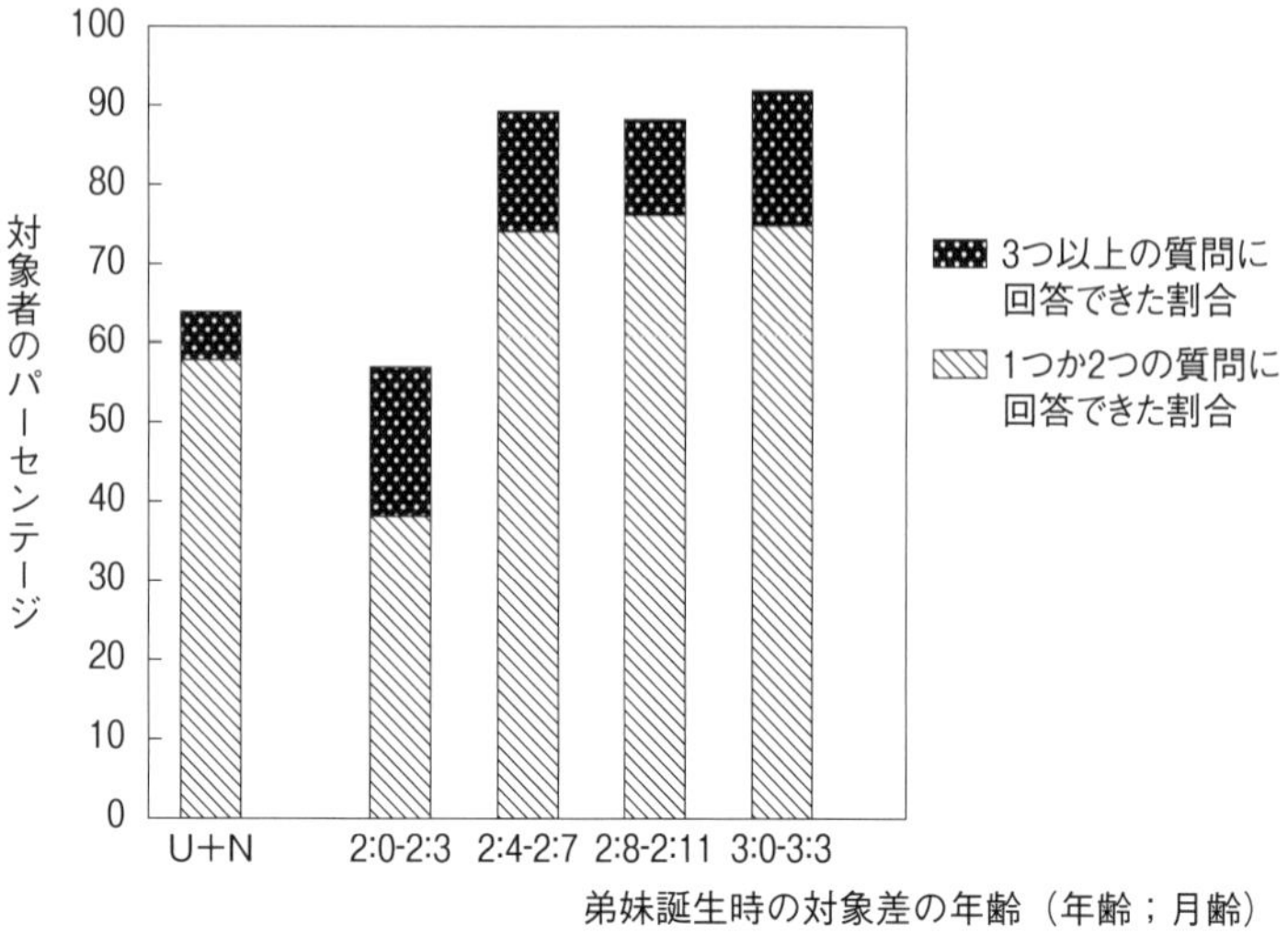

図3－3　弟妹の誕生時についての質問への回答割合（Eacott, & Crawley, 1998[8]より）

注）U＋N：アッシャーとナイサーの研究の結果（対象者の年齢；2：0～2：11）

い質問内容に対して回答可能な者の割合が有意に多いことが明らかになりました。母親からの裏付け質問紙を分析したところ、母親から正しいと判断された報告割合は報告群と想起群の間にほとんど差がありませんでしたが、間違いだと判断された報告割合は前者の方が多少多いことが確認されました。

【考察】

以上の結果に基づくと、3歳以前に経験した出来事を成人期に想起できるというアッシャーとナイサーの主張は正しいといえます。2歳半以降の出来事についての想起はできますが、それ以前の出来事の想起は非常に稀であることもわかりました。とはいえ2歳代前半の記憶報告であっても、後の時期の記憶報告より不正確であるわけではありません。また対象者たちは、自分が実際に体験した出来事と家族から聞いた話など他の情報源からの情報を区別できず、無分別に記憶報告に利用するわけではないといえます。もし区別できていないのであれば、想起群は報告群の対象者と同じ程度か、もっと多くの情報を想起できるはずです。なぜなら、想起群は家族から聞いた知識を本当の記憶で埋め合わせて報告できるからです。しかし結果はその逆でした。想起群の対象者は出来事に関する自分の知識をフィルターにかけ、そのなかで自分が体験したと思われる一部だけを報告したと考えられます。つまり、対象者は自分の弟妹が誕生したときのことについて、さまざまな情報源から得たたくさんの情報を利用することはできるものの、このすべての情報を記憶として報告するわけではないと結論づけることができます。

Eacott, M. J., & Crawley, R. A.（1998）The offset of childhood amnesia : Memory for events that occurred before age 3. *Journal of Experimetal Psychology ; General*, Vol. 127, 22-33.

読書案内

太田信夫・多鹿秀継（2008）『記憶の生涯発達心理学』北大路書房

乳幼児期、児童期、青年・成人期、高齢期の各発達段階別に、6つの記憶領域（短期記憶・ワーキングメモリ、エピソード記憶・意味記憶、符号化・検索、メタ記憶、潜在記憶、日常記憶）について、最近の研究状況が解説されています。

カール・サバー／越智啓太・雨宮有里・丹藤克也（訳）（2011）『子どもの頃の思い出は本物か――記憶に裏切られるとき』化学同人

自伝的記憶の形成にかかわるさまざまなトピックス――幼児期健忘、記憶の再構成、偽りの記憶など――を豊富な心理学研究や著名な研究者へのインタビューを交えながら詳しく解説した書です。著者はジャーナリストですが、科学性を重んじた記述となっています。

仲真紀子（2011）『法と倫理の心理学――心理学の知識を裁判に活かす　目撃証言、記憶の回復、子どもの証言』培風館

2009年に裁判員制度がスタートしましたが、一般市民と裁判官が協働して司法にあたるという制度のもと、法や倫理を守り、誤判を生み出さずに裁判を行うにはどうしたらよいのでしょうか。こうした問題意識のもと、法や裁判に関する知識についての専門家と非専門家の相違、記憶の抑圧・回復についての研究、子どもの目撃証言についての研究など、心理学で明らかになったことが多岐にわたって解説され、心理学の知識を裁判に活かすための方法の提案もなされています。

4章　生き物をどう理解しているか

子どもの認識がどのように発達するかを研究したJ・ピアジェは、生き物に関する幼児の理解を驚くほど未熟なものと特徴づけました。幼児は生物と無生物を明確に区別せず、無生物をまるで生物のように扱うというのです。たとえば、「月は私のことが好きだから追いかけてくる」とか、「花が痛い痛いといっている」といったことを本気で信じており、病気をいたずらや嘘といった不道徳な行為をしたことの罰と考えているというのが、ピアジェの主張したことでした。これは本当なのでしょうか。本章では、生物現象に関する幼児の理解をみていきます。

1　生物概念

(1) アニミズム

無生物を生物のように扱うこと、つまり無生物にも生物の属性があるとする考えをピアジェはアニミズムと呼び、幼児期の特徴としました。幼児が「生きている（alive）」ということばをどう使うか調べたところ、太陽は「光を出すから」、自転車も「動いているから」生きているなど、まるで「生きている」と「活動的である（active）」ことがほぼ同じ意味をもつかのように使われていたというのです[19]。つまり、幼児は大人と同じような生物概念をもっておらず、活動するものを生物とみなしているというわけです。ピアジェはまた、幼児のアニミズムは、あらゆる思考の源泉となる因果法則（ピアジェのいう「シェマ」）に限界があるからだとも主張しました。なお、ピアジェの主張を支持する結果が、4~12歳児およそ500名を対象とした研究でも認められています[14]。

ピアジェのこの考え方は、1980年代半ばごろまでは一般的なものでした。転機となったのは、S・ケアリーの本――邦題『子どもは小さな科学者か』――の出版です[3]。ケアリーはアニミズムを再検討し、幼児の思考は確かにアニミズム的であるものの、それは生物一般および生物現象に関する知識（領域知識）の不足に由来するのだと説明しました。そしてピアジェの考え方を退けたのです。

この研究のインパクトはとても大きく、以降、いろいろな知識領域（生物領域や物理領域、心理領域など）について、知識の獲得とその再構造化によって認知発達を説明する流れが一気に加速していきました。しかし、幼児の理解を未熟なものとみた点では、ケアリーはピアジェと同じ立場に立っていました。

ケアリーによれば、子どもは10歳ごろにならないと、生物現象を生物領域固有の考え方（領域固有の因果性）で理解しません。それまでは、心的現象の説明枠組み、つまり心（意図）を説明要因とする因果性（意図的因果）を借用しているというのです。そのため、幼児は、食物摂取が成長や健康といった望ましい身体状態を引き起こすことには気づいているものの、入力（食べる）と出力（大きくなる・健康になる）を媒介する生物学的メカニズムについては理解していないのだと主張しました。媒介メカニズムに関する幼児の説明は、「食べたいから」とか「大きくなりたいから」など、心的現象を説明する原理を援用している、つまり、生物現象に関する幼児の理解は、「理論」と呼ぶには遠く及ばないと、結論づけたのです。ただしここでいう「理論」は、物理学や化学の高度な理論ではなく、一般の人がもっている、「素朴理論」（naive theory）を指しています。素朴理論とは一貫性があること、知識を適用すべき対象とすべきでない対象を区別していること（存在論的区別）、そして領域固有の因果性を備えていること、以上3要素を備えた知識体系のことをいいます。

ケアリーは幼児期の理解の未熟さを示す例として、生物現象に関する推論が人間中心的であることをあげています。このことは「帰納的投射」という実験で検討されました。まず子どもに、ある事例（ベース事例）がある属性をもっていると教えます。たとえば、「人間の体内にはゴルジがあるんだよ」と教えます。その後、他の事例（ターゲット事例）を示し、このターゲット事例もその属性をもっているかどうか判断を求めるのです。たとえば、「これは芋虫だよ。芋虫にはゴルジがあるのかな？」と聞くわけです。

大人は生物カテゴリーに基づいて判断するので、ベース事例として教示したものが人間であろうとイヌであろうと、共に生物なので、判断結果にたいした違いはありません。ところが、4歳児の判断には非対称性が認められます。人間について教えられた方が、イヌについて教えられた場合より、多くの属性がターゲット事例に帰属されるのです。

なぜ、こうした非対称性が生じるのでしょうか。ケアリーは、幼児のなかでは動物の典型例である人間が思考の中心にあるため、人間を出発点として考えた方が、他の事例もその属性をもつという予測が成り立ちやすいからだと説明しました。このことはつまり、幼児は人間と他の動物、さらには植物を統合した生物概念をもっていないことを意味します。

(2) ケアリーへの反論

人間中心の判断パターンは、幼児の理解が未熟だからではない、むしろ、自分のもっている知識をフルに使って理解をつくりあげようとする積極的な認知活動の結果である、と主張したのが、稲垣佳世子と波多野誼余夫です（稲垣・波多野[11]に研究結果がまとめられています）。人間は、私たちにとってもっともなじみのある動物です。私たちは人間のことについては多くのことを知っています。身体の手足がどうなっているのか、それがどういう特徴をもっているのか、人間についてであれば、たいていのことはわかります。そのため、他の動物について考える際に、人間に関する豊かな知識を利用する（擬人化）のは当たり前だというのです。どう考えたらよいかわからない対象に出会ったとき、よく知っている対象に関する知識を利用するのは、幼児に限ったことではありません。これは未熟でも何でもなく、むしろきわめて知的な営みです。

稲垣たちは、生物領域固有の因果性が10歳ごろにならないと獲得されないというケアリーの主張にも異を唱えました。そして、幼児が生気論的因果と呼ばれる生物領域固有の因果性に基づいて生物現象を理解していることを実証的に示しました。ケアリーは、10歳ごろまでは意図的因果で生物現象を理解しているとしました。意図的因果のもとでは、食べ物の摂取は「おいしい食べ物を食べたいから」と説明されます。一方、大人は機械的因果と呼ばれる因果性を用います。これは生理学的メカニズムに基づく因果性で、食べ物の摂取を「胃や腸のなかで食べ物の形を変えて身体に取り入れるため」と説明します。稲垣たちが提案した生気論的因果は両者の中間ともいえる因果性で、活力（気、あるいはエネルギー）の生成と循環によって生物現象を説明します。食べ物の摂取は「お腹が食べ物から元気のもとになる力をとるため」と説明されるわけです。稲垣たち[9]は、幼児が摂食や呼吸、生殖といった身体現象に関する説明として生気論的因果を好むことを実験によって確かめました。

ピアジェやケアリーは、幼児期には動物と植物を統合した生物概念がないと結論づけたのですが、近年の研究からは、この主張は支持されていません。子どもは学校で体系的な教育を受ける前から、生物現象について決して未熟とはいえない理解を有しています。次の節からは、もっと具体的にその理解をみていきます。

2 発達についての理解

2章では、乳児が自己推進性という点で物理的事物と動物を区別することを述べました。しかし、生物現象に関する子どもの理解を評価する際、重要なポイントとなるのは、植物をどうカテゴリー化するかです。植物は自力で動く力をもたないうえに、見た目も動物とは大きく異なっています。そのため、直観的な理解だけでは、動物と植物の共通性に気づき、両者を同じカテゴリーに含めることは困難です。この節では、「発達」という生物固有の特性について、幼児が生物と無生物を区別しているかをみていきます。

(1) 成長

動物も植物も、生物はみな、発達とともに成長していきます。動物のなかには、蝶のように、その過程で卵から幼虫、蛹、そして成虫へと身体の構造や機能を大きく変えるものもいますが、人間のように、ほとんど変わらないものもいます。植物の成長過程では、根や葉、茎といった新しい構造が次々と加わっていくプロセスがみられます。成長にともなう身体変化のあり方は動物と植物によって、さらには種によって大きく異なりますが、生物一般にあてはまる共通法則もあります。身体は変化してもアイデンティティは保持されることです。たとえば、幼虫のときの蝶(青虫)と成長してからの蝶は似ても似つきませんが、その蝶であることに変わりはありません。一方、無生物にはそもそも成長というプロセスが認められません。

では、幼児は成長という点で生物と無生物を区別するのでしょうか。まずは、3歳児が動物と無生物を区別できることを示した研究を紹介しましょう。[22]

この研究では、3歳児と5歳児に**図4-1**のような絵を提示しました。最初に見せたのは、動

図4－1　動物と無生物を区別する実験の課題例
（Rosengren et al., 1991[22]より）

物と事物の「赤ちゃんだったとき」あるいは「新しかったとき」の絵です（図4-1の上段）。次に、大きさの異なる2枚の絵を示し（図4-1の下段）、どちらが「大人になったとき」あるいは「古くなったとき」のものか、選んでもらいました。動物は成長にともない身体が大きくなりますから、ワニとクマについては左側、ウサギについては右側が正答です。一方、事物については、どんなに長い時間が経ったとしてもサイズが大きくなったり小さくなったりすることはないので、コマについては右側、ヤカンについては左側が正しい選択肢となります。この実験で対象となった3歳児のほぼ全員が、正しい絵を選ぶことができました。つまり、子どもは3歳までに、動物がアイデンティティを保持しつつ成長すること、その過程でサイズは小さくならないこと、さらにこの変化が物理的事物には認められないことを理解するようになるのです。

この研究では植物をとりあげていませんでした。そこで、稲垣と波多野[10]は、植物についても同様の理解が認められるか、実験的に検討しました。先の研究手続きを拡張させ、**図4-2**のような課題を用意しました。課題には動物課題、植物課題、事物課題があります。実験ではまず、上段の絵を示した後、下段の2枚の絵を示し、「数時間後」と「数ヶ月後ある

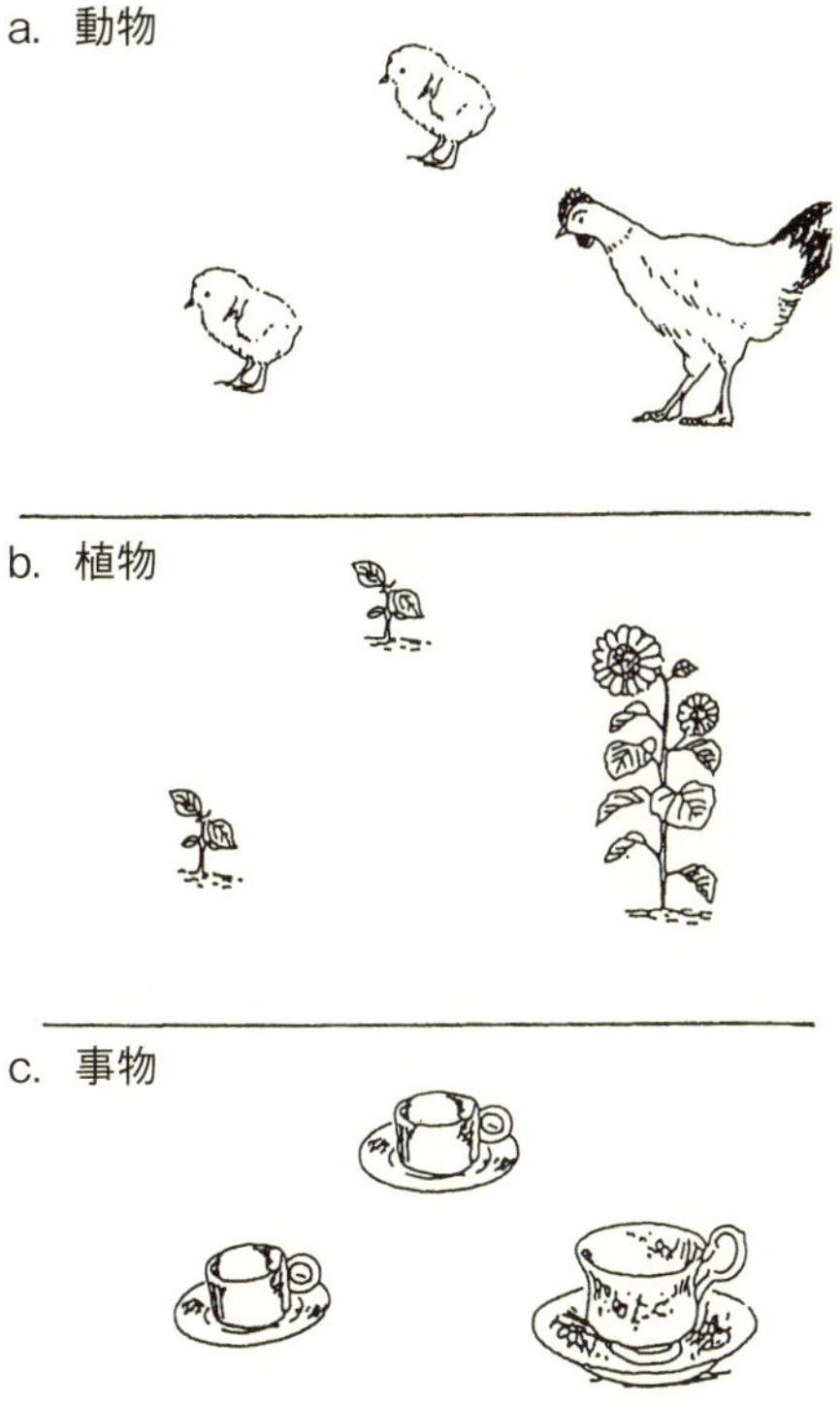

図4-2　動物と無生物を区別する実験の課題例
（稲垣・波多野[11]より）

いは数年後」の植物／動物／事物を表したのはどちらか選んでもらいました。その結果、4歳児も5歳児も動物と植物については「数時間後」はサイズが変わらない左側の絵を、「数ヶ月後」はサイズが大きくなる右側の絵を選択する傾向がありました。一方、事物については「数時間後」も「数ヶ月後」もサイズが変わらない絵を選択する反応が、5歳児では76％、4歳児では57％に認められました。事物が成長しないことに関する4歳児の理解は5歳児ほど確かなものとはいえませんが、それでも4歳児は植物と動物が共に成長する存在であることには気づいているようです。

（2）身体の再生

【エピソード】

子どものころ、転んで足をすりむきバンドエイドを貼ってもらったことはありませんか。最近はバンドエイドを貼らない方が早く治るという説もあるようですが、幼児はバンドエイドを過信しているようです。擦り傷でも、切り傷でも、蚊に刺されても、何につけバンドエイドを貼りたがる子をよく見かけます。以前、保育園に観察に行ったとき、ドアが外れかかったミニカーにバンドエイドが貼ってあるのを見つけました。バンドエイドを貼れば、車の傷も徐々に治癒すると考えてのことでしょうか。セロハンテープがなかったから、バンドエイドを代用しただけのことなのでしょうか。

生物は少しの損傷程度なら、その身体を自力で再生させることができます。このことは植物であろうと動物であろうと、生物一般にあてはまりますが、無生物についてはその限りではありません。人間の場合、指先を包丁で切っても、数日経てば新しい皮膚がつくられてきます。切り倒された樹木も、しばらく経てば若葉が芽吹いてきます。しかし、脚の折れた椅子は、誰かが修理でもしない限り、いつまで経ってもそのままです。

幼児は、再生能力という点でも生物と無生物の間に明確な線を引いているようです。生物現象の理解を精力的に検討しているS・ゲルマンの研究グループでは、次のような実験を行いました[1]。4歳児と6歳児を対象として、損傷を受けた植物（バラの花が折られた木や芝生から動かされた草）と物理的事物（ボタンがとれたシャツや脚がとれたテーブル）の絵を示しました。そしてそれぞれについて、「それが成長して、もとの状態になれるかどうか」、「人間の力で、もとの状態になおせるかどうか」、判断を求めたのです。その結果、対象となった4歳児の多くが、動物や植物は自然に再生するものの（枝が折れても自然にまた生えてくる）、事物については修理のような人為的な介入が必要だと答えました。つまり、幼児は自然治癒力という点で生物と無生物とを区別しており、その際、生物のなかには植物も含まれていたのです。

イヌを飼っていれば幼犬が成犬に成長していく過程を、花を育てていれば種から芽が出て、茎が伸び、花が咲く過程をみる機会があるでしょう。実際に経験しなくても、絵本やテレビで、動物や植物の成長について知る機会はいくらだってあるに違いありません。だから、上記の研究結果は、格段驚くことでもないと思う人もいるでしょう。しかし、これらの研究で示されたのは、幼児が特定の動物や植物の成長をただ知っているというにはとどまりません。動物ならばイヌのようになじみのある種でも、カモノハシのようになじみのない種でも成長するが、無生物ならば、なじみのあるなしにかかわらず成長しないだろうという、秩序だった予測を生み出す能力がある、ということを示しているのです。幼児がこれだけ確固たる理解を有しているという結果は、やはり驚くべきことなのです。

(3) 老化と死

発達というと、「大きくなること」と考える人が多いのではないでしょうか。発達心理学も以前は、発達＝子どもが大人になること、だから発達心理学は「子どもの心理学」と解される向きがありました。実際、そういう研究がほとんどだったので、そう思われても仕方がないのですが、近年の発達心理学では、誕生から死にいたる過程すべてが検討されています。発達には、身体が大きくなり成熟した状態へと変化していく過程だけでなく、身体機能が徐々に衰退していく過程、すなわち老化も含まれます。老化の先には、死も待っています。つまり、老化と死も発達の一環なのです。では、幼児は老化と死をどのように理解しているのでしょうか。

年をとると白髪や皺が出てきたり、人によっては髪の毛が薄くなったりと、身体の外観は徐々に変化していきます。中島は、[17]白髪・皺・毛髪の減少の3点に関する幼児の理解を検討しました。実験では、4歳児と5歳児を対象として、図4−3のような絵を示しました。上段の絵は、21歳の男性を表しています。この男性が「お誕生日が何回も何回も、とってもたくさん来て、いっぱいいっぱい年をとって80歳になったらどうなりますか」と質問し、下段にある2枚の絵から適切だと思う方を選んでもらいました。1枚は身体サイズのみさらに増大したもの（誤答：左側）、もう1枚は白髪や皺が増えたもの（正答：右側）です。

正答を選択した子どもは5歳では76%でしたが、4歳では35%にとどまりました。次に、老化の原因について説明した選択肢をいくつか示し、適切だと思うものを選択してもらいました。提示した説明は、（a）身体内部的説明（髪の毛をつくる体の力が弱くなるから）、（b）心理的説明（嫌な気持ちになることが多いから）、（c）人為的・外部的説明（白く染めたから）です。5歳児は90%以上の子どもが身体内部的説明を選択しましたが、4歳児については50～70%台にとどまりました。以上の結果を踏まえると、4歳児については、老化について明確な理

①若年成人期のタロウさんの絵
②身体サイズの増大した若年成人期のタロウさんの絵
③老年期のタロウさんの絵

図4−3　白髪・皺・毛髪の減少に関する幼児の理解の実験で用いられた課題例

（中島，2010[17]より）

解があるとは言い切れません。しかし5歳までには多くの子どもが、老化が身体内部から引き起こされる現象であることに気づくようになります。

老化の先には、死が待っています。死は生物であれば必ず訪れますが、無生物は生物学的な意味で死ぬことはありません。アメリカの研究では[18]、4歳児と6歳児が死を生物学的に理解していることが示されています。4歳児でも、動物と植物が例外なくいつか死ぬこと、それが避けられないこと、一度死んだら生き返らないこと、これらのことはフォークやカギといった事物には認められないことに気づいているのです。

とはいえ、4歳児の答えは6歳児と比べれば不安定なもので、たとえば植物のパターン（種、花、木）によって回答に相違があり、植物よりも動物に死を認めやすいという傾向がありました。つまり、4歳児は完全には生物学的な理解を有しておらず、幼児期後期（4～6歳）にその理解は大きく変化するのです。このことは、生きている動物と死んでいる動物の相違に関する理解を検討した研究[2]でも認められています。

発達には発生から成熟した状態へと向かう上昇のプロセス（身体サイズが増大し機能が完成していく）と、そこから徐々に身体機能が衰退していく下降のプロセスがあります。前者については、幼児期初期（3～4歳）までにある程度の理解が獲得されますが、後者については、幼児期を通じて徐々に獲得され洗練されていくのです。

3　病気に関する理解

【エピソード】

「食べ物を粗末にするとバチがあたるよ」とか、「嘘ばっかりついてると、天罰が下るよ」とか、言われたことはありませんか。不道徳なことをするとバチがあたって、何かとんでもない不幸を背負い込むことになる、宝くじに外れるくらいならまだしも、病気になるとか、ケガをするとか…こうした考え方は、内在的正義と呼ばれています。子どもたちは、「お母さんの言いつけを守らなかったから、ケガをしちゃった」とか、「嘘をついたから、具合が悪くなった」と語ることがありますが、本当にそう信じているのでしょうか。

「バチがあたる」とは、神様や仏様を敬わなかったり親不孝をしたりすると、報いとして何か悪い目にあうという意味です。ピアジェによれば、病気に関する幼児の理解は、まさにこの論理によっています。幼児は病気を生物学的・身体的要因（たとえば、細菌との接触）ではなく、心理的・社会的要因（たとえば、不道徳な行為）に原因があると考えているというのです。ピアジェは、このような考え方を「内在的正義」と呼びました。

（1）内在的正義

1980年代半ばごろまでは、ピアジェの結論は、多くの研究によって支持されていました。たとえば、キスターとパターソン[13]は、幼児が病気を悪い行いに対する罰だと考えていると報告しています。目に見えない細菌やウィルスとの物理的接触が病気を引き起こすという考え方、つまり生物学的な理解は、児童期後期にならないと獲得されないとされていたのです。

これに異論を唱えたのがM・シーガルです。シーガルは、これまでの研究結果は実験方法に原因があるのではないか、実験方法が子どもの能力を十分に引き出せるものではなかったために、子どもは本来の能力を発揮できなかったのではないかと考えました[24]。これを実証するために、シーガルは実験方法に手を加えました。ひとつは、子どもになじみのある状況を設定することです。そして、「あなたはどう思う？」と子ども自身の考えを聞くのではなく、「(人形を示して）この子がこんなことを言っているんだけど、この子の考えは、良い考えかな？」と、他者の考え方を評価してもらうようにしました。これらの変更を加え、病気に関する理解を検討したのです[23]。大人でもそうですが、自分自身の考えを評価される状況よりも、他者の考えを評価する状況の方が、「間違えたらどうしよう」という余計な心配をせずにリラックスして答えることができます。そしてそのような状況では、大人も子どもも、自分の能力を発揮しやすくなります。

シーガルは、4~8歳児に対して、まず人形が風邪や歯痛などの病気になる場面を演じてみせました。この劇のなかで人形は、病気の原因について2つの説明をします。ひとつは「風邪をひいたのは、風邪をひいてる友だちと遊んだからだよ」と、伝染で説明するもの、もうひとつは「風邪をひいたのは、お母さんが使っちゃいけないと言ってたハサミを使ったからだよ」と、内在的正義で説明するものです。この劇を見た後で、子どもはどちらの方が良い説明か判断を求められます。

その結果、4歳児でも、風邪については伝染による説明を良い説明として選びました。ただし、歯痛については明瞭な結果は得られませんでした。風邪に比べて歯痛は、子どもにとってなじみのないものです。歯痛になんてなったこともないという子どもも多いことでしょう。あまりよく知らない病気について考えるときには、幼児は内在的正義に頼ることもあるのかもしれません。しかし、それはあくまでも代替的な説明様式であって、よく知っている病気について考えるときには、生物学的説明を受け入れるのです。

同様の結果は、アメリカで行われた別の研究でも得られています[29]。その研究では、病気の原因として4歳児が心理的・社会的要因による説明（サンドイッチをつくることを忘れちゃったから）よりも身体的・生物学的要因による説明（バイキンが身体の中に入ったから）を良い説明と判断することが示されました。

実験手続きに修正を加えた近年の研究では、幼児でも内在的正義の考え方を支持しないことが明らかにされています。とはいえ、病気に関する幼児の理解はさほど正確なものともいえません。たとえば、病気かどうか判断する際、バイキン（germ）の有無にばかり注目し、他の要因については無視する傾向があります[12]。また、バイキンは伝染しても毒は伝染しないという相違にも気づいていないようです[27]。とはいえ、幼児の理解はピアジェが想定したほど未熟なものではありません。荒削りではあっても、確かに生物学的本質をつかんでいるのです。

（2）科学と魔術

医療に関する知識と技術が発達した現代では、内在的正義はばかげた考え方のように見えます。しかし歴史的にみれば、そうともいえません。顕微鏡がなかった時代には、大人でも、病気を宗教や魔術という点からとらえていました。中世ヨーロッパでは神秘主義や鬼神論の考え方が強く、病気は悪事に対する神の罰とみなされ、身体に苦痛を与えて悪魔を追い出す治療法がとられていたのです[4]。

魔術的な考え方は、決して過去の遺物ではありません。現代でも、そして大人の思考においても、科学的な考え方と共存しています。南アフリカで行われた研究[15]では、魔術的な考え方は、子どもよりむしろ大人において強いという興味深い結果が示されています。

この研究では、ヨハネスブルグ郊外に住む5～15歳児と大人（29～51歳）を対象として、HIVの感染経路に関する理解を検討しました。HIVとインフルエンザに罹患した理由として、（a）血液を媒介とする生物学的説明（病気の人が使ったカミソリで手を切った）、（b）伝染による説明（病気の人と遊んだ）、（c）道徳的説明（お母さんに嘘をついた）、（d）魔術による説明（嫉妬している隣人に魔術をかけられた）を提示し、もっとも良い説明を選んでもらったのです。その結果、どの年齢グループでも、HIVについては生物学的説明が、インフルエンザについては伝染による説明がもっとも選ばれやすいことが示されました。ところで、興味深い結果も示されました。魔術による説明は、子どもより大人において、良い説明として選ばれやすかったのです。とりわけHIVについては、生物学的説明と同程度に良い説明と考えられていました。つまり、HIVの感染経路に関する理解は、年齢があがると共に、より科学的であると同時に、より魔術的にもなったのです。逆にいえば、子どもの考え方は魔術的考え方を共存させていないという意味で、より科学的ともいえるのです。

この結果は、何を意味しているのでしょうか。生物学的な考え方は、特に教えられなくても社会環境の影響をあまり受けずに獲得される、そしてそこに、文化固有の考え方が加わっていく、こうした発達過程を示唆しているのではないでしょうか。荒削りではあっても生物学的にみて的確な理解は、発達の初期にさほどの困難なく獲得され、そこに社会や文化固有の考え方が加わっていくのです。重い病気を身近に経験するとか、その原因を考えるといった経験を重ねるなかで、科学的とはいえない考え方が科学的な考え方を補完していくのでしょう。

こうした発達過程は文化化（enculturation）と呼ばれています[20]。もしこの考え方が正しければ、子ども時代ほど文化間で類似した理解が認められることになります。なぜなら文化固有の考え方がまだ備わっていないからです。近年、こうした発達過程を支持する研究結果が、遺伝や「心の理論」（5章参照）[33]、心因性の身体反応[32]に関する理解について報告されています。これらの研究は、発達心理学では当然とされていた発達観、すなわち発達とともに合理的な思考が獲得されていくという考え方に再考を迫るものにもなっています。

4　食べ物の汚染

カビが生えたパン、悪臭を放つ肉を食べようと思う人は、まずいないでしょう。汚染されていることが一目でわかる場合はいいのですが、外観だけでは汚染されているかどうか判断できないこともあります。このような場合、食べ物の汚染について、幼児は正しく判断できるのでしょうか。

（1）汚染の生物学的原則

食べ物の汚染は、汚染源との物理的接触によって生じます。たとえ汚染源が食べ物と接触した知覚的痕跡を残さなくても、ひとたび接触すれば、汚染が生じます。そしてもし汚染された食べ物を食べたなら、嘔吐や腹痛といった身体症状を発症する可能性があります。これが汚染の生物学的原則です。幼児はこうした原則に気づいていないと、かつては考えられていました。なぜなら幼児は知覚依存性が高く、目に見えない世界については論理的に考えられないとされていたからです。

　1980年代に行われた研究では、この結論を支持する研究結果が多く示されましたが、それらの研究では次のような実験手続きがとられていました。[21] まず、子どもの目の前で、ジュースの入っているコップにゴキブリのような汚染源を落とします。汚染源と食べ物を物理的に接触させた後で、汚染源であるゴキブリを取り出します。そして、「このジュース、飲む？」と聞くのです。ゴキブリを取り出した後のジュースは変色しているわけでも、ゴキブリの足が浮かんでいるわけでもありません。ゴキブリが落ちる前のジュースと、見た目では何ら変わりはありません。今目の前にあるジュースの見かけだけから判断すれば、飲んでも何の異常もないように思えます。しかし、汚染源と食べ物の物理的接触によって汚染が生じるという原則を知っていれば、「異常なし」という判断にはまずならないはずです。

　では、幼児は先の質問にどう答えたのでしょうか。驚いたことに、3～6歳児の多くが「うん、飲むよ」と答えたというのです。ここから、幼児は汚染の生物学的原則を理解していないという結論が得られるわけです。

これに異論を唱えたのが、先にも登場したシーガルです。シーガルは、幼児が「うん、飲むよ」と答えるのは、「断ったら、せっかくジュースをすすめてくれた相手に失礼だ」という幼児なりの配慮によるものではないかと考えました。そして、もし社会的プレッシャーのかからない状況におかれれば、幼児でも正しく判断できるに違いないと考え、次のような実験を行いました。

この実験では、子ども本人にジュースを飲むかどうか聞くのではなく、もし他の子どもがこのジュースを飲んだら具合が悪くなると思うかどうか判断してもらいました[26]。すると、3歳児の80%以上が、「具合が悪くなる」と答えたのです。同様の実験手続きをとった場合、日本やアメリカのような工業社会で生活する幼児だけでなく[28][30]、ウガンダのような伝統社会で短期間の衛生教育を受けただけの幼児についても、汚染に関する的確な判断が認められています[7]。

知覚的痕跡のない状況でも、幼児は汚染の物理学的原則に沿って的確に判断するのです。そしてこうした理解は、社会や文化の影響を大きく受けることなく、発達初期にわずかの経験にさらされるだけで、獲得されるようなのです。

（2）社会的情報と子どもの理解

子どもはどのようにして知識を獲得していくのでしょう。この問いを考える際、子どもの周囲にいる大人が何を教えているのか、たとえ直接的には教えなくても、子どもがどのような情報に取りまかれているのか。これらの問題を検討する必要があります。子どもが獲得する知識は子どもの内部からではなく、子どもの外部からもたらされるのですから、社会的に与えられる情報の質と量を明らかにすることは、知識の獲得プロセスを明らかにする第一歩となるからです。

社会的情報の質と量を子どもの理解と比較対応させれば、子どもがどういう知識を獲得しやすいのかとか、どういう知識については環境の後押しが必要なのかといったことが明らかになります。たとえば、社会的に与えられる情報のレベルよりも、子どもが理解しているレベルの方がはるかに高いという結果が得られれば、生得的な傾向が知識を獲得する主たる原動力となっていることが推測できます。一方、大人がよく教える場合、子どもは多くの知識をもっており、あまり教えない場合、あまり知識をもっていない、つまり社会的に与えられる情報と子どもの理解レベルが対応していれば、経験を通した学びが重要であることがわかります。

では、生物現象について、大人はどのような情報を与えているのでしょうか。どうも大人が子どもに与える情報は、系統だっておらず、とてもではありませんが教育的とはいえないようです。[6]

たとえば、幼児は生物学的本質主義――生物には目に見えない本質があり、この本質がある限り、そのもののアイデンティティは維持される、また同じ種に属するものはその本質を共有する――という考え方を保持しているようなのですが、母親がこれを直接的に教えることは、まずありません。[5] 逆にいえば、子どもは大人によって明確に教えられなくても、生物学的本質主義という考え方をもつようになるのです。

これと同様の結果は、汚染に関する理解についても認められています。外山は日本の1～3歳児と母親の食事場面、保育園の食事場面を観察し、こぼれた食べ物に対する大人（母親と保育士）の説明を分析しました。[31]

乳幼児の食事場面では、食べ物がこぼれることは日常茶飯事です。汚染の生物学的原則にしたがえば、皿にこぼれた食べ物よりもテーブルにこぼれた食べ物、さらには床にこぼれた食べ物の方が「汚い」と考えられます。なぜなら、そちらの方が、汚染源と物理的に接触した可能性が高いからです。しかし、母親はどこにこぼれようと、拾って自分で食べたり、子どもに食べさせたりします。稀にですが、こぼれた食べ物は食べてはいけないと禁じることもあります。しかしその際には、「汚い！」「だめ！」の一言で済ませることがほとんどなのです。

保育園の食事場面では、逆に、こぼれた食べ物は「食べてはいけない」ものとされることがほとんどです。しかし、子どもがわざと落とした場合、保育園の先生は、いつもは「汚い」食べ物を食べさせることもあります。しかし、その理由を説明することは、母親同様、ほとんどありません。こぼれた食べ物に対する大人の態度は恣意的で曖昧、一貫しているとはとてもいえないのです。それでも、3歳児ですら、こぼれた食べ物が汚染された可能性を、こぼれた場所に応じて正しく判断します。つまり、こぼれた食べ物の汚染に関する幼児の理解は、大人が与える情報のレベルを超えて、はるかに生物学的といえるのです。

（3）理解の基盤

上記の研究結果は、人間が食べ物の汚染に関する知識を素早く獲得できるように生まれついた可能性を示唆しています。食べ物の汚染について大人が与える情報は、食事場面にとどまるわけではありません。日本の子どもは、感染予防に手洗いすること、衛生習慣を守ることの重要性について、日ごろから口酸っぱく言われています。抗菌グッズがこれだけ氾濫している社会は、世界のどこにもないでしょう。これらのことがすべて、子どもの発達する環境をつくりあげており、「汚染は避けなければならない」というメッセージを明示的にも暗黙的にも伝えています。

こうした社会的環境が汚染に関する理解の獲得を後押ししていることは、間違いないでしょう。しかしそれだけでは、幼児が洗練された理解を有することを説明できるものではありません。なぜ子どもは大人の与える恣意的な情報に惑わされずに、汚染の生物学的原則について正確な理解を獲得できるのでしょうか。その背景には、毒性のない安全な食べ物を見つけ出すことが雑食動物である人間にとって、生存にかかわる重大問題であることがかかわっているのではないでしょうか。

これと同じことは、生物現象に関する理解の獲得一般にあてはまります。病気について十分な知識がなければ、どう対処したらよいかわからず、死んでしまう可能性もあります。他の動植物は人間にとっては潜在的な食べ物となりますから、[34] 食料確保という点からみても、動植物に関する知識を獲得することはきわめて高い重要性をもっています。だからこそ、生物の成長や病気、食べ物の汚染といった生物現象については、社会的情報の有無や質にあまり影響されずに的確な理解が早期に獲得されるのでしょう。

おわりに

認知発達研究にありがちなことですが、どうも発達心理学者は子どもが何歳までにどのような知識を獲得するかを明らかにしただけで満足してしまう傾向があります。3歳だとこの程度、5歳になるとここまでわかるようになるという事実を確認するだけで、発達がわかったような気になってしまうのです。しかしそれだけでは、いかにして知識が獲得されるのか、そのメカニズムはわかりません。

本章でみてきたように、生物現象については、生物学的基盤（身体のことや病気のこと、安全な食べ物のことについて的確な理解を得ることが生存に必要不可欠であること）と、社会的に与えられる情報や経験（親をはじめとする大人が教えること、社会的慣習や価値観、そこでの生活経験）が両輪となって、知識獲得を押し進めていくのです。

〈実験紹介〉食べ物の汚染理解の文化差

【目的】

食べ物の汚染に関する理解に文化差はあるのでしょうか。ヘジマディたちは、アメリカとインドのヒンドゥー教徒の子どもの理解を比較しました。ヒンドゥー教には他のカーストの者とは一緒に食事をしない、下位カーストの者からは食物をうけとらないといった厳格な戒律があります。こうした社会に育つ子どもは、食べ物の汚染について、西欧近代社会の子どもとは異なる感受性をもっている可能性があります。

【方法】

（対象者）インド東部のオリッサ州に住んでいる4〜5歳児と8歳児、計125名と、アメリカのフィラデルフィアに住んでいる4〜5歳児と8歳児、計106名。

（手続き）絵本を読み聞かせる形式で、以下のようなストーリーを提示しました。まず、ジュースと汚染源（ゴキブリ・髪の毛・知らない男性・おいしくない食べ物（ほうれん草））が接触します。その際、直接接触する場合（ジュースの中に入る）と、接触しない場合（ジュースのそばにいる）があります。課題の提示後、子どもたちには「そのジュースを飲んでも大丈夫かどうか」判断を求めました。その際には図のような絵を示し、双子のどちらが（ひとりは「大丈夫だよ」と言っている、もうひとりは「大丈夫じゃないよ」と言っている）正しいことを言っているか選んでもらいました。

図4－4　実験で使われた絵
（シーガル，2010[25]，p. 117より）

次に、汚染されたジュースに対して3タイプの「浄化」を行うストーリーを提示しました。（1）着色（ジュースを着色する）、（2）煮沸（色は変えずに、沸騰させてから冷ます）、（3）母親が飲む（色も変えず、沸騰もさせず、ただ母親が一口飲む）です。ただし、（1）と（3）は、科学的にみれば浄化とはいえません。子どもたちには、浄化の後で、それぞれのジュースを飲めるかどうか判断してもらいました。

【結果】

インドとアメリカを比べると、インドの方が汚染に敏感であることが示されました。このことは、4～5歳児の年齢グループについても認められました。

つまり、インドでは汚染源と実際に接触したジュースを「大丈夫」とする反応は、どのタイプの汚染源でもほぼゼロだったのに対し、アメリカでは、汚染源と実際に接触したジュースを「大丈夫」とした子どもは10～33％に上りました。インドでは、汚染に対する敏感さは年齢があがると共に強くなりました。とりわけ汚染源が「ゴキブリ」と「見知らぬ人」の場合、たとえ煮沸したとしても、ジュースは汚染されたままであるという反応が多くを占めました。もちろん、「着色」や「母親が飲む」といった「浄化」を効果的とする判断は、ほとんど認められませんでした。一方のアメリカでは、どの年齢グループでも「煮沸」は効果的な浄化方法だと考えられていました。およそ30％の子どもが、ゴキブリが実際に接触した場合でも、煮沸によって浄化されると判断したのです。

Hejmadi, A., Rozin, P., & Siegal, M.（2004）. Once in contact, always in contact : Contagious essence and conceptions of purification in American and Hindu Indian children. *Developmental Psychology, 4*, 467-476.

読書案内

マイケル・シーガル／外山紀子訳（２００８）『子どもの知性と大人の誤解』新曜社

本書でも何度も登場するシーガルの翻訳書。発達心理学では乳幼児の認知能力がいかに限定されているかが繰り返し示されてきました。しかし、それは子どもの知性を十分に引き出すことのできなかった研究結果に基づく大人の誤解なのかもしれません。世界をまたにかけて研究してきた著者の真骨頂ともいえる書です。それだけに、２０１２年の急逝が惜しまれます。

稲垣佳世子・波多野誼余夫（２００５）『子どもの概念発達と変化――素朴生物学をめぐって』協立出版

生物現象に関する確固とした理解は、児童期半ばごろまでは認められないとしたケアリーの主張に対する反証。数多くの実証データに基づき、「生気論的因果」（本文参照のこと）が就学前までに獲得されると主張しています。副題に「素朴生物学をめぐって」とありますが、知識獲得のメカニズムや制約など、概念発達における重要な問題が深く掘り下げられています。２００２年、Psychology Press から出版された英書の翻訳です。

5章　心をどう理解しているか

本章では、心に関する理解をとりあげます。心というと、気持ちや感情、情動といった心の働きを思い浮かべる人が多いでしょう。しかし、この章でとりあげるのは共感性や思いやり、愛情といった「感じる心」ではなく、マインド（mind）に関する理解です。英語のmindは、感情や情緒というよりも、意志や意図、思考、知性を意味します。つまり、「感じる心」ではなく、「考える心」「判断する心」です。子どもはいつから人が意志をもち、その意志のもとに行動を起こしていくことを理解するようになるのでしょうか。

1 心の理論

（1）「心の理論」とは？

ここ30年ほど、「心の理論」（theory of mind）研究がブームになっています。ようやくおさまってきた感じもしますが、学会に行くと、個人の研究発表はもちろんのこと、必ずといってよいほどシンポジウムが組まれているほどの盛況ぶりです。

発達心理学者がこれほど夢中になる「心の理論」とは何でしょうか。そのことば通り、心の働きや性質を理解するために必要な知識、心の働きをとらえる認知的枠組みです。私たちは人の行動の背景には心があると仮定します。たとえば、駅でゴミ箱に当たり散らしている人を見たら、「どうしてそんなことをしているのだろう」「きっとむしゃくしゃするようなことがあったんだろうな」と考えませんか。「こういう行動の背景にはこういう心がある」と推測しながら、私たちは人の行動を理解しているのです。そしてこうした推論を生み出すもとにあるものが、「心の理論」なのです。

行動の背景に心があると考えるのはあまりに当たり前、わざわざ「理論」と呼ぶような知識を想定する必要があるだろうか――こう思う人もいるかもしれません。しかし、心はいってみれば虚構の産物です。私たちはそれを直接目で見ることも、もちろん触れることもできません。しかし私たちは、当然のように心があると考え、そればかりか、心がどういう性質をもち、どう働くかについてある程度一貫した説明と予測を行います。つまり、心に関する私たちの理解は、単に心についていろいろと知っているというのではなく、一貫した説明と予測を生み出す「理論」のようなものなのです。そのため、少し大げさと思われるかもしれませんが、「心の理論」と呼ばれているのです。

(2)「心の理論」研究のはじまり

「心の理論」は、霊長類学者のD・プレマックたちの研究が発端となりました。すでに30年以上も前のことになりますが、プレマックたちは「チンパンジーには心の理論があるだろうか?」と題した論文を発表しました[17]。チンパンジーの行動観察を通じてチンパンジーには仲間の心を推測する能力があると考えるようになったプレマックたちは、これを実験的に検討したのです。まず、サラというチンパンジーに、「人間がある目的を達したいのだがうまくいかない」状況をビデオで見せました。たとえば、「人間が檻に入っていて、外にあるバナナに手が届かない」といった状況です。次に2枚の写真を示し、目的の達成につながる方を選ばせました。この場合、

「檻から棒を突き出している場面」を選ぶと正答となりますが、サラはどういう状況でも安定的に正答を選択したのです。

なぜこの実験結果から、サラに「心の理論」があるといえるのでしょう。ここで正答するためにサラは、檻の中にいる人が「バナナが欲しい」という欲求をもつことを理解し、「だから、棒を突き出すに違いない」と推論する必要があります。つまり、目に見えない心的状態（欲求）を仮定し、その結果どういう行動がとられるかを予測しなければならないわけです。こうしたことから、プレマックたちは、サラには他者の目的や意図を理解する能力があると結論づけたのです。そして、他者の目的・意図・信念・知識・思考・推測といった内容が理解できるのであれば、その動物または人間は「心の理論」をもつといえるのではないかと主張しました。

しかしその10年後、プレマックたちは１９７８年のこの論文を「再考する」と題した論文を発表し、チンパンジー（あるいは人間以外のあらゆる動物）の「心の理論」はきわめて限定的なものでしかないとしました[16]。つまり、10年前の論文で述べた主張を修正したのです。新たな論文によれば、大半の動物はいかなる「心の理論」ももたないが、4歳以降の人間は「心の理論」を何の制限もなく自由自在に操る。チンパンジーのような一部の動物はその中間に位置し、他個体に心があると仮定するとしても、きわめて限定的な「心の理論」しかもたない、というのです。こうした修正の背景には、１９８０年代に「表象としての心」に関する理解の検討が進み、チンパンジーにはそれが不足していることがわかってきたからです。ただし、プレマックが新しく下した結論には異論を唱える研究者もおり、論争は未だに続いています。

プレマックたちがチンパンジーについて始めた「心の理論」研究は、他の動物を対象とした研究へと大きく広がっていきました。とりわけ発達心理学では、幼児、自閉症児に対する検討が1980年代以降、とても盛んになりました。そこで次に、幼児の「心の理論」研究をみていきましょう。先のプレマックの結論を読み、気になっている人もいるかもしれません。「表象としての心」とは、いったい何でしょうか。なぜプレマックは「4歳以降の人間」とわざわざ限定をつけたのでしょうか。

（3）誤信念の理解

発達心理学の「心の理論」研究は、誤信念課題を中心に展開してきました。この課題を考案したのはH・ウィマーとJ・パーナーです[24]。パーナーたちは、「心を理解する」とは、心が現実を映し出したものであること、つまり表象としての性質を理解することだと考えました。

心の中にあるものは「信念（belief）」といわれますが、信念は現実そのものではありません。もちろん、信念のなかには現実に対応したものもあります。たとえば、「冷蔵庫を開けたらアイスクリームが入っていた」ことを見た後で、「冷蔵庫の中にアイスクリームがある」という信念をもつようになった場合、この信念は現実に対応した正しい信念です。しかし、アイスクリームが入っていないのに、「アイスクリームが入っている」という誤った信念（誤信念）をもってしまうこともあります。たとえば、冷蔵庫の中にアイスクリームが入っていることを見た後で、外に遊びに行ったとします。そしてその間に弟がアイスクリームを食べてしまったという場合、弟が食べたことを知らなければ、誤信念をもつことになります。アイスクリームはとっくに弟の胃の中にあるのに、冷蔵庫の中にあると考えてしまうわけです。

誤信念課題では、自己と他者、あるいは現在の自己と過去の自己がひとつの現実に対して異なる表象をもつことが理解できるかをみます。ある人が抱いている表象は正しい信念（現実世界と対応している）だが、別の人が抱いている表象は誤った信念であること、つまり思い違いをしていることを理解できるかどうか、みるのです。

誤信念課題にはマクシ課題[24]やサリー・アン課題[2]、スマーティー課題[13]等、いくつかのヴァリエーションがありますが、もっともポピュラーな課題はサリー・アン課題です。**図5-1**にその手続きを示しました。

この課題の正答は、「サリーはバスケットを探す」です。しかし、3〜4歳児は、これに正しく答えることがなかなかできません。多くの子どもが「サリーはアンの箱を探す」と答えてしまうのです。なぜなのでしょうか。実験対象者である子どもは、出来事の経緯をはじめから見ているので、ボールがバスケットからアンの箱に移されたことを知っています。しかし、サリーはボールが移されたときにその場にいなかったので、子ども本人がもっている信念とも現実とも異なる誤信念をもつことになります。3～4歳児は、この食い違いに気づきにくいのです。4歳を過ぎると課題に正答する子どもの比率、つまり通過率は急速に上がり、6歳までには多くの子どもが「サリーはバスケットを探す」と答えるようになります。こうした研究結果を受け、パーナーは「心の理論」が出現する時期を4歳ごろと結論づけました[12]。

サリー
アン
サリーはバスケットに彼女のボールを入れる
サリーが立ち去る
アンはそのボールを自分の箱に移動させる
サリーは自分のボールをどこで探すでしょう？

図5－1　サリー・アン課題（シーガル，2010[19]，p. 37より）

（4）自閉症と「心の理論」

「心の理論」研究は、定型発達児だけでなく、自閉症児を対象としても発展していきました。自閉症といえば『レインマン』のダスティン・ホフマンの名演が記憶に残りますが、自閉症は社会的相互作用、コミュニケーション、そして想像力という主に社会性領域の障害を主症状とする発達障害です[25]。自閉症児は他者に関心を示さず、他者と共に何かをしようとはしません。ひとり遊びを好み、ごっこ遊びはせず、人間よりも物に関心を向ける傾向があります。ミニカーをきれいに一直線に並べることはあっても、「ブーブー、ハッシャしますよー」などと、バスごっこをすることはないのです。言語獲得は遅く、その過程で語の消失（一度獲得した語を発話しなくなる）が多いという特徴もあります。コミュニケーションの道具として言語を用いる能力は著しく制限されており、隠された意図やメッセージを読み取ることも不得手です。

この障害を「心の理論」の欠陥によると主張したのが、S・バロン＝コーエンです。彼は、プレマックたちがチンパンジーの「心の理論」に関する論文を発表した7年後に、「自閉症児には心の理論があるだろうか？」という論文を発表しました。知能レベルが5歳5ヶ月の自閉症児（平均年齢：11歳11ヶ月）と知能レベルが同程度あるいはそれ以下のダウン症児（平均年齢：10歳11ヶ月）、そして定型発達児（平均年齢：4歳5ヶ月）を対象として誤信念課題を行った結果、自閉症児の通過率がきわめて低いことを報告したのです。[2] ダウン症は独特な顔立ち（顔の起伏が少なく目がつりあがっている）を特徴とする染色体異常（21番染色体が3本ある）の障害ですが、全般的に対人関係はとても良好です。誤信念課題の通過率は、ダウン症児と定型発達児についてはそれぞれ86％と85％でしたが、自閉症児はわずか20％にとどまりました。

バロン＝コーエンは1995年、『マインド・ブラインドネス』という衝撃的なタイトルの著書を発表しました。これを直訳すると「心盲」、つまり「心が見えない・読めない」という意味になります。自閉症は脳の機能障害によって、「心の理論」が阻害された状態だというのです。確かに自閉症児は、心の理解に大きな困難を抱えています。しかし、そのことだけで自閉症の症状すべてを説明できるわけではありません。たとえば、誤信念課題の通過率は自閉症児では約20％でした。ということは、5人に1人は他者の誤信念を正しく推測できる、つまり心が読めることになります。しかし、この20％の子どもたちも自閉症特有の症状を有しています。また、自閉症に特徴的な症状として同じ動作を繰り返す常同行動（顔の前で手をひらひらと振るというように）がありますが、これは対人的な問題ではありません。つまり、他者の心を読む能力とは関連しないのです。

2　誤信念課題再考

ここまで述べてきたように、発達心理学における「心の理論」研究は、誤信念課題を中心として展開してきました。しかしこの誤信念課題とはいったい、子どものどういう能力をみる課題だったのでしょうか。そもそも、なぜ、4歳を過ぎるとその通過率は急速に伸びていくのでしょう。この節では、誤信念課題に関するこれらの疑問に答えていきたいと思います。

（1）実行機能

【エピソード】

幼稚園や保育園では、お昼ご飯の前になると先生から「さあ、お片付けしようね」という声がかかります。保育室には積木、絵本、ままごと道具、ブロックなど、多種多様なおもちゃが転がっています。それらをすべて所定の収納場所にしまい、テーブルを並べ、食事できる状況をつくるまでには、通常、数十分の時間がかかるものです。

片付けているときの子どもたちの様子を見ていると、上手にできる子もいればそうでない子もいます。片付け上手な子は何が上手なのでしょう。まず、何をどういう順番で片付けるべきかがよくわかっています。また、急がなければいけないとき、ゆっくりやっても許されるときの状況判断がきちんとできています。一度片付け始めたらそれに集中し、やり終えるまで遊んだりしません。こうしたことのすべてに、実行機能という認知的能力が絡んでいます。

近年、「心の理論」について注目を集めているテーマがあります。それは、「心の理論」と実行機能の関連性です。実行機能とは行動のプランを立て、そのプランに照らして不適切な反応を抑制しながら、行動をコントロールし課題を遂行していく認知的機能を指します。ある目標に向かって自分の行動や思考を制御し、その目標が達成できるように調整する能力といってもよいでしょう。

私たちは普段、さまざまな場面でこの機能を使っています。たとえば、夕ご飯をつくるとき。まずメニューを考え、食材が足りなければ買い物に行き、時間に間に合うよう調理を終わらせなければなりません。たとえ買い物の途中で友だちに出会っても、お茶に行きたい気持ちは抑えなければなりません。こうした場面で、当初の目標を達成するまで行動を制御していくのが、実行機能なのです。実行機能の研究は、前頭前野を損傷した患者について始められましたが、現在では、幼児から成人まで、幅広い年齢層を対象にさまざまな研究が行われています。

実行機能はストループ課題という課題で測定します。この課題は１９３５年にＪ・ストループが見つけたストループ効果に由来します。ストループ効果とは、文字の意味とその色のように、同時に目にする2つの情報が干渉しあうことをいいます。たとえば、赤インクで書かれた「赤」の色名を答える場合と、青インクで書かれた「赤」の色名を答える場合、どちらの方が、反応に時間がかかりますか。後者です。青インクで書かれているので、もちろん答えは「あお」なのですが、私たちは文字を読む習慣があるので「赤」を「あか」と読んでしまうからです。正しく答えるためには、日ごろ、確立している習慣を抑制させる必要があるのです。

幼児用としてよく使われるストループ課題は、昼・夜課題（day-night Stroop task）です。[4] **図5-2**にあるように、この課題では、黒いカードに白い月が描かれた「夜」カードと、白いカードに黄色い太陽が描かれた「昼」カードを使います。子どもは、「夜」カードが示された場合には「昼」、「昼」カードが示された場合には「夜」と答えるよう指示されます。明らかに昼の様子が描かれたカードに「夜」と答えるためには、「昼」と答える反応を抑制させなければなりません。これは3歳ではかなり難しいのですが、課題の通過率は4歳から5歳にかけて急速に上がっていきます。[4]

図5-2　昼・夜課題で使われるカード（左が昼カード、右が夜カード）

(2) 実行機能と誤信念の理解

4歳を過ぎると通過率が急速に上がっていく――これはまさに、誤信念課題について認められた結果ではないでしょうか。そうなのです。実行機能課題と誤信念課題の成績には強い相関が認められており、[3] 実行機能課題で正しく（素早く）反応できる子どもは、サリー・アン課題でもサリーの誤信念を答えることができるのです。先に述べたように、自閉症児は誤信念課題がきわめて苦手なのですが、実行機能の不全は自閉症やADHD（注意欠陥多動性障害）の子どもにも認められています。[5]

これらを踏まえると、実行機能が発達することで他者の誤信念が理解できるようになるという発達の道筋が見えてきます。つまり、実行機能の発達が原因で、その結果が「心の理論」の獲得だというシナリオです。しかし残念なことに、両者の関係はそれほど単純なものではありません。パーナーたちは3～4歳児を対象として、誤信念課題と実行機能課題（カード分類課題を使用）を訓練した場合の効果を検討しました。[6] その結果、誤信念課題を訓練すれば実行機能課題の成績が向上し、実行機能課題を訓練すれば誤信念課題の成績が向上するという結果が示されたのです。実行機能と誤信念の理解は、ちょうど「ニワトリが先か、卵が先か」というように、因果関係の矢印がどちらに向かって引かれているのか、現時点で明確な答えはないのです。

実行機能というのは、誤信念課題に限らず、どういう場面でも、適切に行動するためには必要な認知的機能です。誤信念課題で「サリーはバスケットを探す」と答えるためには、自分が知っている現実（ボールはアンの箱の中にある）を答える反応を抑制させなければなりません。子どもに限らず大人でも、自分だけが知っている「本当のこと」を誰かに話したい衝動をもっています。その衝動を抑えるのは容易なことではないでしょう。算数の文章題を解く場合にも、実行機能を働かせないと、面積を求めるよう指示されているのに高さを求めてしまうといったミスをしてしまいます。つまり、実行機能というのは他者の誤信念に限らず、さまざまな課題を解くときに必要な認知的機能なのです。こう考えていくと、誤信念課題と実行機能に関する近年の研究は誤信念の理解、心の働きに関する理解を検討するという当初の趣旨を遠く離れ、心理学実験に正答するために必要な能力をみていた、といえなくもないのです。

この点を鋭く批判したのが佐伯胖です。佐伯は「心の理論」研究の進展にともなって、スマーティー課題に修正が加えられていく過程を紹介し[18]、心の理解を検討するはずだった課題がどこかで「調子が狂って」しまい、「『自分が考えたこと』を無理矢理想起させる」（p.76）ものになってしまったと指摘しています。心理学者は先行研究の課題では十分に反応の意味がつかめない場合、課題に修正を加えて実施することがあります。スマーティー課題でも、3歳児がスマーティー課題で正答できないのは質問の意図を取り違えたからではないかといった可能性を想定し、そうではないことを示すために、あれこれと修正が繰り返されていきました。その結果、子どもは摩訶不思議なことをするよう指示されることになったのです。「スマーティーのキャンディが描かれた絵を郵便ポストに入れる」といった具合です。こうなると、実験の主人公であるはずの子どもは脇に追いやられ、実験のための実験をしている感が否めなくなってしまいます。

とはいえ、誤信念課題は心の理解のある側面を取り出すことに大いに成功したことは事実です。この課題をステップとして、自閉症児に対する研究や児童期の子どもを対象とした二次的信念（○○さんは、「××さんが～と思っている」と思っている）に関する理解の検討など[11]、多くの刺激的な研究が生まれていったのです。

3　「心の理論」の萌芽

標準的な誤信念課題では、子どもに言語反応を求めます。そのため、3歳以下の子どもに実験を行うことは難しく、年少の子どもに対する検討は行われてきませんでした。しかしその後、実験法に工夫が加えられ、年少の子どもに対する検討が可能となりました。そもそも、「心の理論」は誤信念課題を通過する年齢で急に獲得されるわけではありません。3歳以前から「心の理論」の素地となる理解は準備されており、それが徐々に明確なものとなって「心の理論」として結実するのです。といっても、ここで終わりというわけではありません。経験を積むにつれて、さらに豊かな理解がつくられていきます。3歳以下の子どもに対する検討は、「心の理論」の素地を明らかにするという意味でとても大きな意義をもっています。この節では、3歳以前の子どもの「心の理論」の萌芽をみていきます。

（1）2歳児の誤信念理解

1章で馴化法を紹介しましたが、これを誤信念課題に用いた研究があります[20]。まず、2歳児に対して、**図5-3**のようなビデオ映像（馴化刺激）を見せます。手前にいるぬいぐるみが左の箱（A）や右の箱（B）にボールを隠します。ぬいぐるみがボールを隠すと、そのたびにサンバイザーをつけた人は、ほほえみながら箱の後ろ側にある窓から手を伸ばしてボールを回収します。この映像を繰り返し見せた後、次にテスト刺激を見せます。「誤信念その1」（C）のテスト刺激では、ぬいぐるみがいったん左側の箱に隠したボールを右側の箱に移動させますが、その後人が後ろを向いている間に、ぬいぐるみがボールを持ち去ってしまいます。そのため、ボールはどちらの箱にも隠されていません。サンバイザーをつけた人は、ぬいぐるみがボールを持ち去った場面を見ていないので、ボールは右側の箱にあるという誤信念をもっていることになります。

「誤信念その2」（D）のテスト刺激では、人が後ろを向くタイミングがもう少し早く、ぬいぐるみが右側の箱にボールを移動させる前に、後ろを向きます。そのため、その人はボールが左側

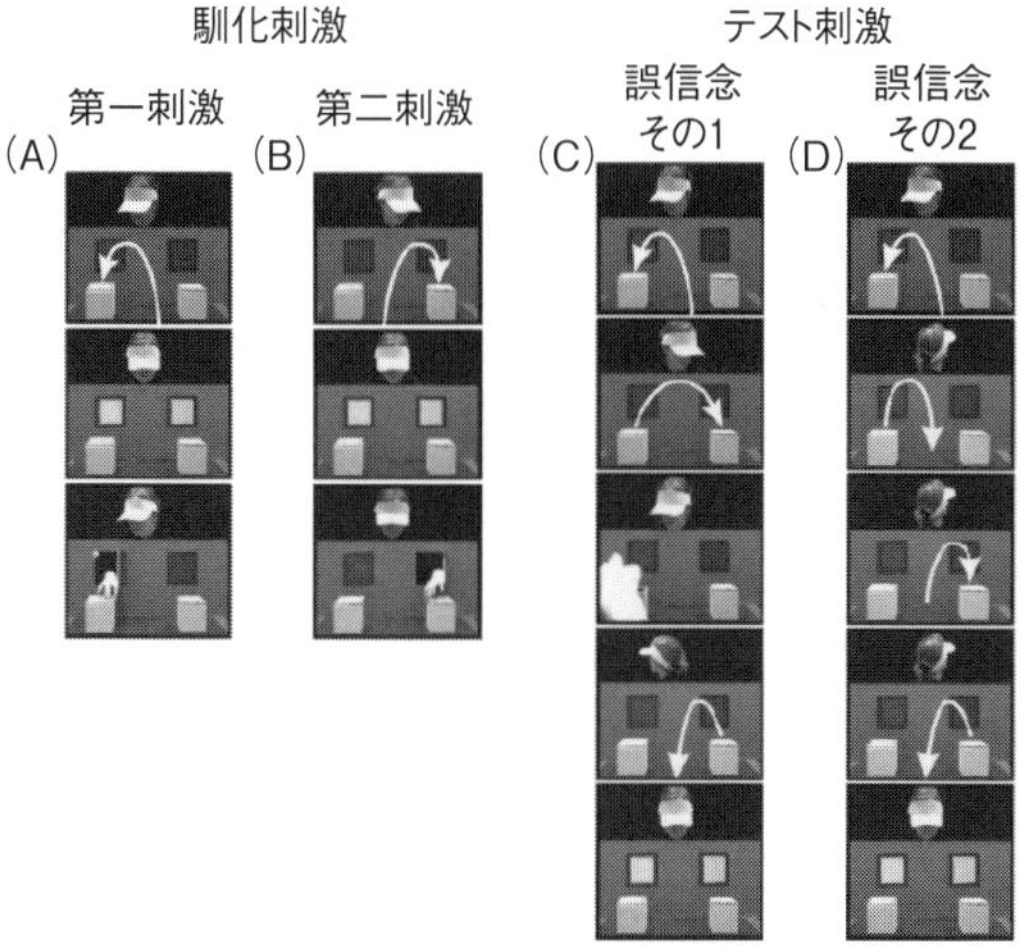

図５－３　２歳児に対する誤信念の検討で使われた映像
（Southgate, Senju, & Csibra, 2007[20]より）

の箱に入っているという誤信念をもつことになります。このテスト刺激を見て、２歳児はどこに視線を向けたのでしょうか。２歳児はサンバイザーをつけた人の誤信念を予測し、その人が手を出すだろう窓に視線を向けたのです。つまり、（C）では右側の窓、（D）では左側の窓になります。これらの結果は何を意味しているのでしょう。２歳児でも、他者の誤信念に気づいていることを示唆しているのです。

（２）９ヶ月の奇跡

２章で述べたように、子どもは生後わずか数時間で他者の表情を模倣し、２ヶ月もすれば人の顔に注意を向けるようになります。これらのことは、子どもがきわめて早い時期から、あるいは生得的に、人に対して特別な関心を払う存在であることを示すものです。こうした傾向が「心の理論」の土台となることは間違いないのでしょうが、生後9ヶ月ごろ、ひとつの転機が訪れます。

【エピソード】

1歳前後の子どもがお母さんと一緒に遊んでいる場面を見ていると、子どもが時おり、お母さんの表情を確かめるそぶりをすることに気づきます。絵本を読んでいるとき、おもちゃで遊んでいるとき、急にお母さんの顔をじっと見つめるのです。そこでお母さんが「大丈夫だよ」とでも言うかのように笑顔を返せば、ほっとして、再び遊び始めます。

これは「社会的参照」、あるいは「他者への問い合わせ」と呼ばれる行動で、1歳少し前になると認められるようになります。子どもはお母さんの表情から、何を読み取っているのでしょうか。自分が今おかれている状況が安心できるものなのかどうかを読み取っているのです。

9ヶ月というのは共同注意、叙述の指さし、社会的参照など、他者との関係のあり方が大きく変化する時期にあたります。共同注意とは、対象に対する注意を他者と共有する行動を指します。たとえば、母親がリンゴを指さしたときに、そのリンゴに子どもも視線を向けるといった行動です。共同注意が可能となる背景には、三項関係の成立があります。三項関係とは、子どもが世界

とかかわるひとつのあり方で、二項関係の後に出現するものです。
　二項関係の二項は、自己―他者、あるいは自己―対象です。三項関係の三項とは、自己―対象―他者です。子どもは最初、二項関係で世界とかかわります。リンゴという対象にかかわるとき、子どもは自分でリンゴに働きかける必要があります。リンゴをなめてみたり、なでてみたりすることで、リンゴの性質を知るのです。しかし、三項関係が成立すると、自分でリンゴに働きかけなくても、他者を通してリンゴの性質を知ることができるようになります。たとえば、母親がリンゴを見てニコニコしていたなら、その表情を通して「リンゴは良いものだろう」と考えるようになるのです。三項関係が成立するころ、子どもは他者がどこを見ているのか、視線の先に何があるのか探索するようになります。そして、「ほら見て！　あそこにリンゴがあるよ」とでも言っているかのように、母親の顔を見ながら対象を指さししたり（叙述の指さし）、どう行動したらよい

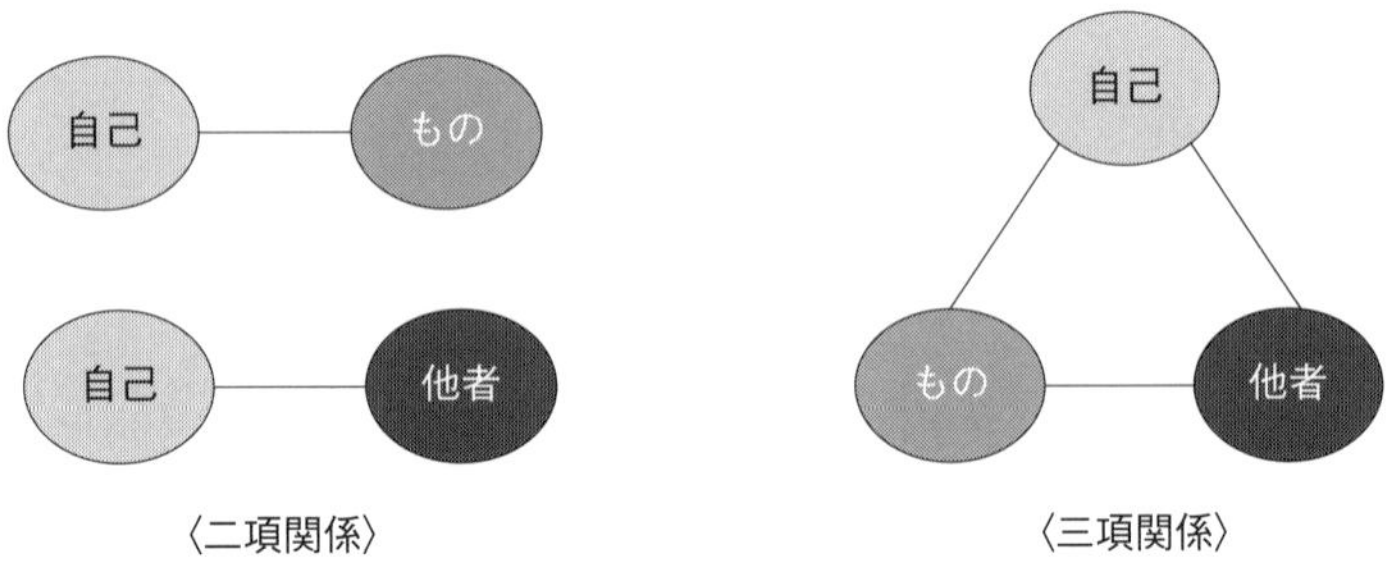

図5－4　三項関係と二項関係

かわからない状況におかれたときに、母親の表情から、状況の手がかりを探したりするようになるのです。これらの行動は「社会的参照」と呼ばれています。

　三項関係が成立する背景には、9ヶ月ごろになると、他者を「心（意図）をもつ存在」として認識し始めることがあります。単に他者に対して注意を向けるのではなく、他者の行動を手がかりとして、その人がどのような心（意図）をもっているかを探り、他者の心を通して周囲の世界を知ろうとするようになるわけです。M・トマセロは、この時期を「9ヶ月の奇跡」と呼び、共同注意などの行動を「心の理論」の先駆的行動と位置づけましたが[23]、まさに「奇跡」とでもいえるような認識世界の広がりが、この時期に起きるのです。

（3）模倣

　心を軸として世界を理解しようとすることは、模倣行動にもみることができます。新生児の表情模倣研究で有名なA・N・メルツォフは、1歳半児に次のような実験を行いました。[9] まず子どもの目の前で、首飾りを筒状の入れ物に入れようとしている動作を演じてみせます。ところが、入れようとするたびに手が滑ってしまって、首飾りはなかなか入りません。とうとう最後まで首飾りは入らないのですが、こうした動作を繰り返し見せた後で、子どもに首飾りと入れ物を渡し、それらをどう扱うかみたのです。すると、1歳半の子どもは、当たり前のように、首飾りを入れ物に入れたのです。首飾りを入れ物に入れるという動作は見ていないのに（したがって、正確にいえば模倣はしていません）、実験者の行動からその心（首飾りを入れ物に入れたい）を読み取り、その心に沿って動作を構成してみせたというわけです。

これと同じことをチンパンジーにやると、どうなるのでしょう。明和政子は興味深い報告をしています。[10] メルツォフの研究と同じように、チンパンジーの目の前である動作を演じてみせ、その後、どう再現するかみたところ、チンパンジーの模倣行動は1歳半児のそれとは大きく異なっていたのです。チンパンジーは手が滑って容器を開けることのできない場面を見ても、不思議なことに、容器を開ける場面を見ても、容器を開けることはできませんでした。しかし、容器を開けることとまったく関係のない動作、たとえば、洗濯ばさみを容器に近づけるといった動作については、なぜか再現したのです。正確にいうと、実験者が洗濯ばさみを持った場合には自分もそれを手にとり、持たなかった場合には自分もそれを持たなかったというのです。

いったい、これはどういうことなのでしょう。チンパンジーには模倣能力がまったく欠けてい

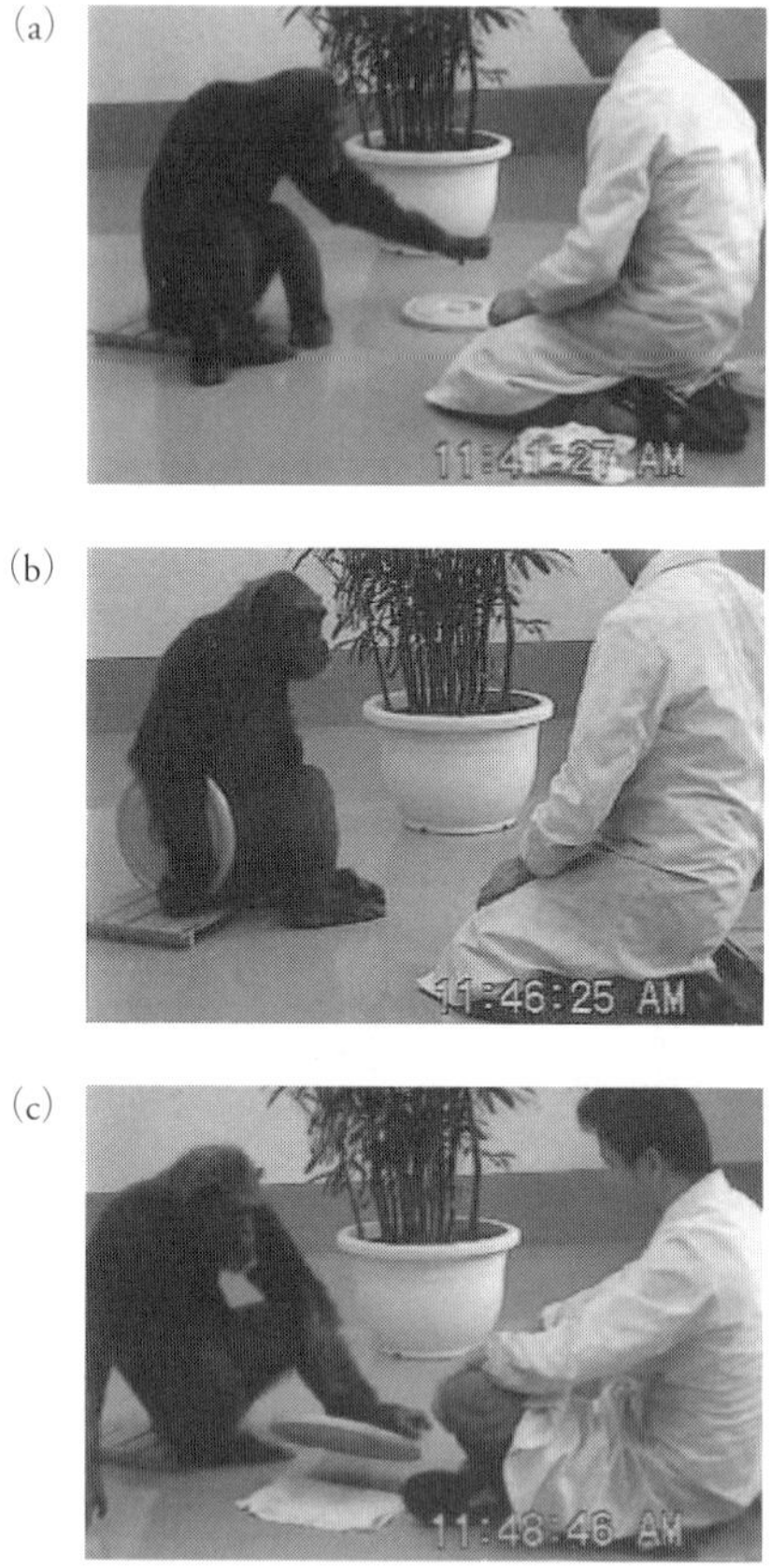

図5－5　3つの条件における実験場面
（明和，2006[10]より）

(a) ふたを投げる（ひとつの物の操作）
(b) ふたを尻に押し当てる（ひとつの物を自己身体へ）
(c) ふたをタオルの上にのせる（ひとつの物をもうひとつの物へ）

るということではありません。なぜなら、実験者が洗濯ばさみを使えば自分も使う、使わなければ使わないというように、何を使ったかという点だけみれば、見事に実験者の動作を再現しているからです。しかしチンパンジーは、人間の子どものように、他者の心を読み取って動作を補完したりはしないのです。チンパンジーの関心は他者の心よりむしろ、対象に向いており、一方、人間は何かを理解しようとするとき、心を中心に考えるようなのです。2章でみたように、乳児ですら、実際には意味のない事物の動きに心を付与し、「追いかけた」とか「攻撃した」というストーリーをつくってしまうほどです。「心の理論」を自由自在に操るという人間の特性[16]は、こうした志向性がその根底にあると考えられます。

4　嘘をつくこと

ここまで、誤信念課題を中心として、心に関する理解をみてきました。この節では、誤信念理解の意味を日常的な文脈において考えていきます。子どもは他者と自己の信念の食い違いがわかるようになると、何ができるようになるのでしょう。ひとつには、本当の嘘がつけるようになります。

(1)　本当の嘘

嘘をつくことは悪いことと考えられています。子どもが嘘をつくようになると、ショックを受ける人もいるでしょう。しかし、嘘をつくということは、実は高い認知的能力を必要とするのです。「心の理論」をもたない子どもは、本当の嘘をつくことはできません。

では、嘘とは何でしょうか。一般的には、「事実と異なること」を指します。「今日、幼稚園でままごとしたの?」と聞かれて、本当はままごとで遊んだのに、「ううん、してないよ」と答えるのは、嘘になるかもしれません。しかしこのとき、ままごとのことをすっかり忘れてしまっていたら、嘘といえるでしょうか。ままごとで遊んでいたときに友だちがドロンコ遊びしているのを見て、それがとてもうらやましくて、つい自分もドロンコ遊びをしたような気分になって、「ままごとじゃなくてね、ドロンコしたの」と答えたとしたら、嘘といえるでしょうか。4歳前の子どもでも、「事実と異なることを述べる」という意味での嘘をつくことはありますが、それは上記のように記憶能力が十分でなかったり、事実と願望を混同してしまったことからくる嘘であり、本当の嘘をついたわけではありません。

本当の嘘は、次の3点を満たしている必要があります。(1) 発言内容が事実と異なっていること、(2) 発言内容が事実と異なっていることを話し手は知っているが、聞き手は知らないことに話し手が気づいていること、そして、(3) 話し手は聞き手に「発言が事実である」と信じさせたい意図をもっていることです[1]。2点目はまさに誤信念の理解にあたるもので、本当の嘘をつくためには「心の理論」が必要なのです。話し手である自分の信念と聞き手である相手の信念が食い違ってることを理解し、かつ「聞き手が何を知っていて何を知らないのか」を推論し、その食い違いをうまく利用できなければ、本当の嘘はつけないのです。

(2) 嘘をつくことの発達

子どもの嘘は社会性や認知能力の発達という点からだけでなく、教育・司法場面でも注目されています。嘘をつくことは「悪いこと」だから、子どもが将来「悪い人」にならないように、親や教師は「嘘をついてはいけません」と諭します。こうした指導を行う際、嘘がどう発達するかを知ることは重要です。裁判等でも、嘘の発達に関する正しい理解がなければ、子どもの証言の信憑性を適切に評価することはできません。では、嘘をつく行動はどのように発達するのでしょうか。

嘘をつく行動の研究では、誘惑抵抗課題（temptation resistance paradigm）が使われてきました。この実験ではまず、子どもに箱を見せます。実験者はその箱の中におもちゃが入っていることを教えるのですが、「中を覗いちゃだめだよ」と言い残して、実験室を退室します。実験者は「用ができちゃった。ちょっと部屋を出るけど、待っててね。戻ってくるまで、箱を覗いたり、おもちゃで遊んだりしちゃ、だめだよ」と言い聞かせて退室します。さて、子どもは、この言いつけを守れるでしょうか。

この分野の先駆け的研究を行ったM・ルイスたちの研究では[8]、対象となった3歳児33名のうち29名（89％）が言いつけを破って箱の中を覗いてしまいました。さらにそこで、実験者が「箱の中、見た？」と質問したところ、箱を覗いた29名のうち11名（38％）が、「見てないよ」と嘘をついたのです。

こうした状況で嘘をつく子どもは年齢があがるほど多くなり、4～7歳になると、その大半が嘘をつくようになります[22]。ただ嘘をつくだけでなく、上手に嘘をつけるようにもなります。嘘を

ついているときの発言が、一貫してくるのです。たとえば、先の課題で「見てないよ」と答えたにもかかわらず、その後、実験者からひっかけ質問をされると（「箱の中、何が入ってた？」）、3～5歳では、多くの子どもが思わず「バーニー！（アメリカの子ども向け番組のキャラクター、紫色の恐竜）」と答えてしまうのですが、6～7歳になると「知らないよ」としらを切れるようになります。つまり、自分の発言を、以前ついた嘘と一貫させて調整できるようになるわけです。

（3）嘘と「心の理論」

興味深いことは、この課題での行動が、誤信念課題の理解と関係することです。3～5歳児を対象として誤信念課題を実施し、あわせて、（a）言いつけを破っておもちゃを見たのに見てないと嘘をつく行動（嘘つき行動）、（b）その後で「おもちゃ、何だった？」と聞かれても「知らないよ」としらを切る行動（嘘の隠蔽行動）との関連をみたところ、誤信念課題の成績は嘘つき行動と関連していました。[15]しかし、誤信念課題と嘘の隠蔽行動との間には関連性が認められませんでした。誤信念課題で他者の誤信念を正確に答えられた3~5歳児は、おもちゃを見たのに「見ていない」と嘘をつくことはできたのですが、その嘘をさらに隠蔽するにはいたらなかったのです。

嘘を上手に隠蔽すること、つまり自分のついた嘘と一貫するように発言を調整してくことは、幼児には難しいようです。なぜなら、上手な隠蔽を行うためには、誤信念だけでなく二次的信念の理解が必要だからです。サリー・アン課題のような誤信念課題で検討している誤信念は、一次的信念と呼ばれます。「アンはボールがバスケットに入っていると考えている」は一次的信念、そこにさらに入れ子が加わると二次的信念となります。たとえば、「アンはボールがバスケットに入っていると考えている、とサリーは思っている」は二次的信念です。一次的信念は「Aは…と考えている」ですが、二次的信念ではその外側にもうひとつ「Bは…と考えている」が加わります(「Bは、(Aは…と考えている)と考えている」)。

この構造はどこまでも複雑にできるのですが、一般的に二次以上の心的状態は、高次の心的状態と呼ばれます。二次的信念をみる課題は〈実験紹介〉に示しましたが、小学生の嘘を検討した研究では、二次的信念の理解が嘘の上手な隠蔽——過去についた嘘と一貫させて発話を調整する——と関連することが示されています。[21]嘘をつく、そしてその嘘をつき通すためには、高度な認知的能力を必要とするのです。

おわりに

「心の理論」に関する検討は1978年のプレマックたちの論文に始まり、すでに四半世紀以上、発達心理学の主要な研究テーマとなってきました。本章で紹介したのはその一端にすぎませんが、「心の理論」研究がこれだけ活発になったのは、対象に心を発見し、その心を基点として世界を理解しようとする態度こそが、人間と他の動物を分かつものだからでしょう。心に関する理解の検討は、人間の本質を探究することでもあるのです。

〈実験紹介〉二次的信念課題

二次的信念とは、「Bさんは、（Aさんが…と信じている）と、信じている」というように、入れ子構造になった信念です。これを最初に検討したパーナーとウィマーの実験[14]をみてみましょう。

【目的】

サリー・アン課題のような誤信念課題で問われているのは、「Aさんは X が Y にあると（誤って）信じている」という一次的信念の理解でした。これを入れ子にした信念の理解が二次的信念課題です。二次的信念課題では、「Bさんは（Aさんは X が Y にあると思っている）と（誤って）信じている」という構造が理解できるかどうか問われます。二次以上の信念を高次信念といいますが、その理解の重要性はさまざまな分野で指摘されてきました。しかし、いつからそのような理解が認められるのかという問題に関する実証的検討はほとんどありません。

【方法】

（対象者）オーストリアの7、8、9、10歳児、各12名、合計48名。

（手続き）次のような課題を、町の模型を使って実演しながら提示しました。

ジョンとメアリーは公園で遊んでいた。公園ではアイスクリーム売りがワゴン車でアイスクリームを売っていた。

エピソード1：メアリーはアイスクリームを買いたかったが、お金を家に忘れてきた。アイスクリーム売りはメアリーに「あとでお金を持っておいで。午後はずっとこの公園にいるから」と言った。

エピソード2：メアリーは家に帰ったが、ジョンは公園に残っていた。アイスクリーム売りが公園から移動しようとしていたので、ジョンは「どこへ行くの？」と聞いたところ、アイスクリーム売りは「教会だよ。だって、ここには、アイスクリームを買ってくれる人が少ししかいないからね」と言った。

エピソード3：アイスクリーム売りが教会に移動する途中、メアリーの家の前を通った。メアリーはアイスクリーム売りに「どこに行くの？」と聞いたところ、「教会だよ。そっちの方がたくさん売れるからね」と言った。ジョンは、メアリーがアイスクリーム売りと出会ったこと

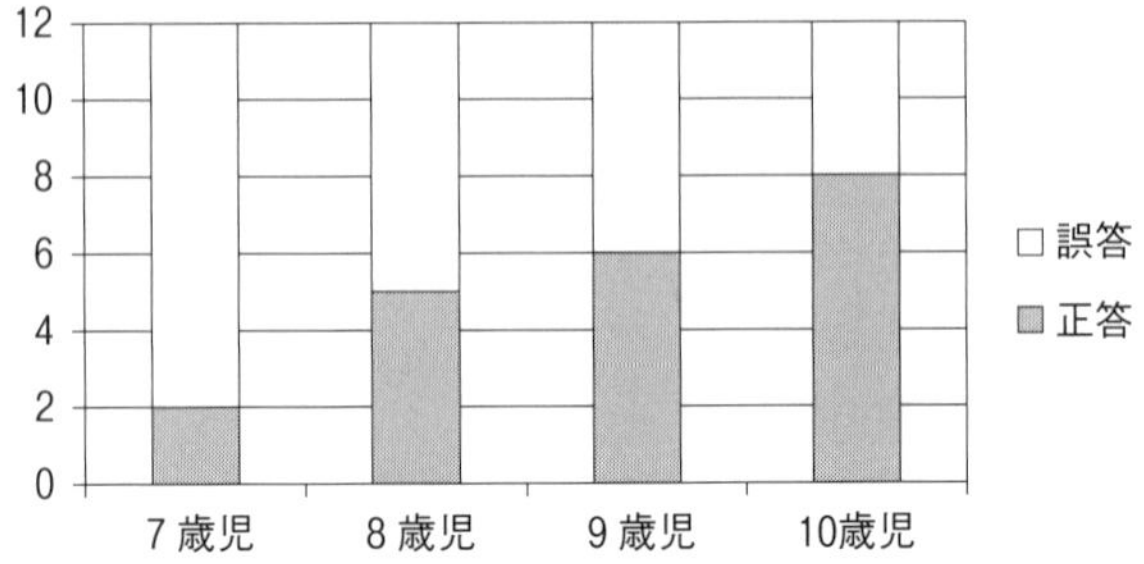

図5－6　二次的信念課題の正答・誤答者数

（Perner & Wimmer, 1985[14] Experiment1, Table2 より著者作図）

を知らない。

エピソード4：その後、ジョンは宿題を教えてもらおうと思ってメアリーの家に行った。するとメアリーのお母さんが「メアリーは今、ちょうど出かけたところよ。アイスクリームを買いに行くと言ってたわ」と言った。

課題の提示後、「ジョンはメアリーを探しに行きました。ジョンはメアリーがどこに行ったと思っていますか？」と質問しました。ここで問われているのは、「ジョンは、（メアリーはアイスクリーム売りが公園にいると思っている）と思っている」という二次的信念です。メアリーは実際には「教会」にいますが、もちろん正答は「公園」です。

【結果】

質問に対して正答（「公園」）した子どもの数を、年齢グループごとに示しました。

図5-6からわかるように、二次的信念の理解は9～10歳ごろになると徐々に可能になっていきます。これと同様の課題を日本の小学校1～6年生合計890人に対して、絵本形式で

実施した子安たち[7]の追試研究では、4～5年生にかけて正答率が上昇することが示されています。ただし、日本の大学生でも正答率は90％に届かなかったことからわかるように、この課題はそれほど簡単なものではありません。

Perner, J., & Wimmer, H. (1985). John thinks that Mary thinks that...": Attribution of second-order beliefs by 5- to 10-year-old children. *Journal of Experimental Child Psychology, 39*, 437-471.

読書案内

子安増生（2000）『心の理論――心を読む心の科学』（岩波科学ライブラリー）岩波書店

1978年のプレマック論文に始まる「心の理論」研究が、どのような問いを立て、その問いをどのように検証していったかを解説した入門書。「心の理論」が子ども理解の一助になることがよくわかります。「心の理論」研究に携わってきた欧米で活躍する第一線の研究者の写真が多く掲載されていますが、そのほとんどは著者によって撮影されたもので、日本の「心の理論」研究の第一人者である著者の交流の広さもうかがえます。

子安増生・大平秀樹（2011）『ミラーニューロンと〈心の理論〉』新曜社

ミラーニューロンとは、霊長類などの高等動物の脳内において、自ら行動するときと他者（他個体）が行動する場面を見ているときの両方で活性化する神経システムのこと。他者（他個体）の行動を見ているときに、自分がその「鏡」であるかのように同じ反応をすることから、ミラーニューロンと名づけられました。このミラーニューロンが表題にある「心の理論」のみならず、模倣や共感、マインドリーディングといった社会的知能に深くかかわることが解説されています。

6章　物の世界をどう理解しているか

1章では、生まれたばかりの乳児はとても有能であり、周囲の環境をいくつかの世界――物の世界、生物の世界、心の世界――に区切り、各世界に固有の考え方で現象をとらえることができることをみてきました。本章では、物の世界についての理解をとりあげ、乳児期から大人にいたるまで理解がどのように発達していくかをみていきましょう。

1　乳児期の素朴物理学――物の世界についての乳児の理解

【エピソード】

保育園にマジシャンがやってきたときのことです。コインに布をかけて呪文を唱えると消えてなく

なったり（対象の永続性法則の違反）、箱の中にいたはずのウサギがシルクハットから出てきたり（連続性法則の違反）、魔法の杖を振ると舞台の端にある箱がガタガタ動いたり（接触法則の違反）、人間の子どもが宙に浮いたり（重力法則の違反）といった手品が次々と披露され、会場は盛り上がります。さらに、さまざまな色のハンカチを空のシルクハットに入れて、かき混ぜてから引っ張り出すと一枚の大きな虹色の布に変わったり、一枚の虹色の布をひらひらさせてみてから一瞬で7枚の布に分離したり（凝集性法則の違反）。幼児から保護者まで、「えー！　どうして？」とか「すごい！」などの悲鳴と拍手で大騒ぎ。とはいえ、幼児の様子を見ていると、年齢によって反応に違いがあることにも気づきます。年中・年長クラスの子どもたちは手品を見て驚いたり、はしゃいだりしていますが、年少クラスの子どもたちはどちらかというと反応は鈍く、せいぜい周りのお友だちの様子を見てはしゃぐ程度なのです。興味深いことに、手

品の種明かしを求めてしつこくマジシャンに群がっていたのは、年中・年長クラスの子どもがほとんどです。当然、教えてもらえるはずはなかったのですが。

なぜ私たちは手品に驚き、楽しむことができるのでしょうか。目の前で繰り広げられる不思議な現象が現実にはありえないと固く信じているからでしょう。マジックショーは、普段は私たちの意識にさえ上らないさまざまな基本的物理法則（エピソード中に傍線で示しました）に気づかせてくれ、私たちは物理法則を確信しているからこそ、手品を楽しめるというわけです。

それでは現実の物の世界においてありえることと、ありえないことを区別することは、いつから可能になるのでしょうか。つまり、基本的物理法則はいつごろ理解されるようになるのでしょうか。上述のエピソードから、少なくとも手品をある程度楽しめる幼児期後期までには理解されていることが推測されます。しかし近年の乳児研究では、それらが生後数ヶ月の時期にはすでに理解されている可能性を示しているのです。

基本的物理法則についての乳児の理解は、素人が日常経験のなかで構成する素朴な知識体系という意味をこめて、素朴物理学と呼ばれることがあります。素朴物理学研究で使用されてきた主な方法は、マジックショーさながらであり、「日常生活の中での規則性に照らして起こりえない事象と起こりえる事象」を見せて反応（注視時間の長さなど）をみるという手続きを含みます。本節では、乳児の素朴物理学研究の例をとりあげ、紹介しましょう。

（1）対象の永続性法則の理解――見えなくても物は存在し続けることの理解

マジックショーでは布の下や箱の中などに隠した物が消失するといった事態を見せられることがしばしばあります。こうした事態に私たちが驚くのは、「物は視界から消えても存在し続ける」という対象の永続性法則を有するからです。対象の永続性は物の世界についての理解の基盤となるという意味で、もっとも基礎的な法則であるといわれています。この理解がなかったら、私たちは大変混乱した世界に住むことになるでしょう。

ピアジェの研究以降、長らく、この対象の永続性法則の理解は0歳代も後半にならないと難しいと考えられてきました。赤ん坊がお座りして楽しくおもちゃで遊んでいるときに、そのおもちゃをそっととりあげて布の下に隠したらどうなるでしょうか。9ヶ月以前の赤ちゃんは、まるでそれがなくなってしまったかのようにふるまい、おもちゃを探すということをしません。

またおもちゃを探すことができるようになった赤ちゃんでも、しばらく **A not B** エラーという間違いを起こすことが知られています。ある9ヶ月の子どもは、おもちゃを布の下に隠すと即座に取り出すことができました。これを数回繰り返した後、その子の目の前でおもちゃを別の布の下に隠してみました。すると、相変わらず以前おもちゃを見つけた布の下を探すのです。0歳代の子どもが身近にいる方はぜひこの課題を試してみてください。ピアジェ[29]は、自身の3人の子ど

もを綿密に観察するなかで、こうした事実に気づき、対象の永続性法則が理解され始めるのは0歳代後半からだと主張したのです。

しかし、隠されたものを探すという行動をとることは、乳児にとってそれほど容易なことではないかもしれません。見えなくなっても存在することをわかってはいても、探すという探索行動をとることができないだけなのかもしれません。探索行動ではなく、注視注視を指標とした最近の乳児研究では、ピアジェがいうよりもっと早くから対象の永続性法則の理解が可能であることが示されています。

乳児が対象の永続性法則を理解していることをもっとも巧妙に示した研究のひとつが、ベイラージョンたち[6]による実験です。この実験は、1章で紹介した馴化法を用いて実施されています。彼らは5ヶ月児に、ついたてが手前から起き上がって向こう側に180度倒れる装置を繰り返し見せ、これに馴化させました（**図6-1**）。馴化後、乳児の見ている前で、装置の後ろ側のついたての通り道に箱を置きます。そして、ついたてが手前から起き上がり始めると、だんだん箱が隠れていき、ついたてが床から90度になったところで、箱は完全についたてに隠されます。

「起こりうる事象」を見る条件に振り分けられた乳児は、ついたてが手前から120度まで回転していき、そこで箱に触れて停止する場面を見ます。一方、「起こりえない出来事」を見る条件に振り分けられた乳児は、ついたては箱があるにもかかわらず完全に向こう側まで倒れた場面を見ることになります。ここで注目していただきたいのは、ついたてが向こう側まで倒れるという「起こりえない事象」の事態は、乳児が見慣れた（馴化した）出来事であり、ついたてが途中で止まるという「起こりえる出来事」の事態は、目新しい出来事であるという点です。それにもかかわらず、乳児は前者の方をより長く注視する（脱馴化した）という結果が得られたのです。この結果から、乳児は箱がついたてに隠れて見えなくなってもなくならないと理解しており、起こりえない出来事はその理解に反するものだったので驚いて凝視した（脱馴化した）と推測されるのです。後の同様の研究[1]で、3、5ヶ月児のうち馴化が早い乳児は永続性法則を理解していることが示されています。また乳児は隠された物の存在だけでなく、隠された物の性質についてのイメージももつことができるようで、スクリーンに隠された物体が圧縮可能な物であるかどう

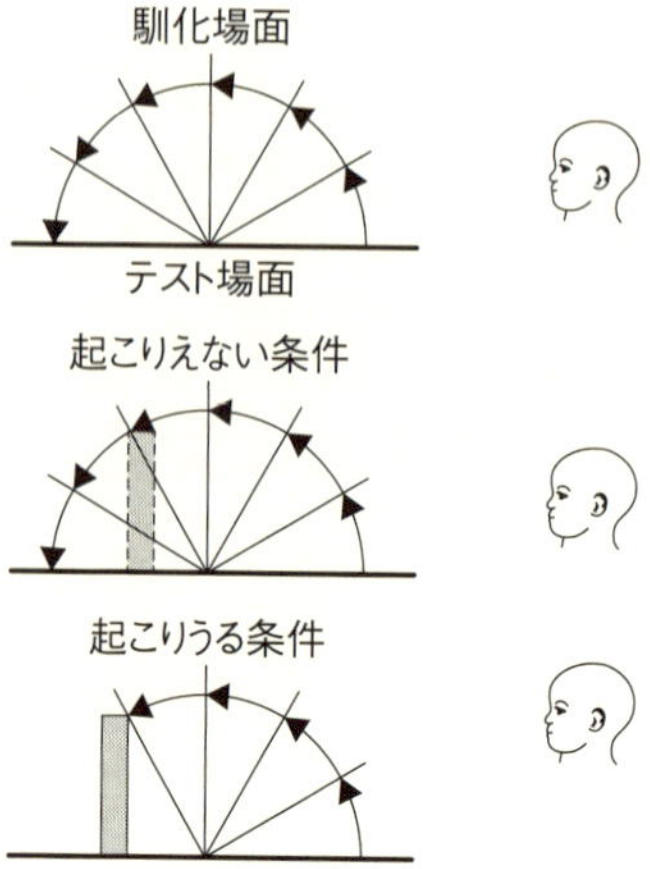

図6−1　回転するついたて実験：物の永続性の理解を調べる装置

（Goswami, 2007[12]より）

か（たとえばスポンジか木のブロックか）に応じて、ついたての動きを予測することができるとの報告もあります[1]。
この他にも、さまざまな状況を設定した実験がベイラージョンたちのグループや他の研究者たちによって実施されてきました。実験によって理解の出現時期に食い違いがあるものの、注視を指標とした乳児研究の結果に基づくと、おおむね3〜5ヶ月から6ヶ月の間には対象の永続性法則を理解しているといってよいでしょう。

（2）物の動きについての理解

マジックショーでは、ある場所の箱の中に入れてあった物が、まるでワープしたかのように突然別の場所に現れるという事態を見せられることも多いでしょう。これに会場が大いに沸くのは、私たちが「物は時空間を飛び越えずに連続した経路を通って移動すること」「ひとつの物体が別の物体をすり抜けることはない」という連続性法則を有するからです。同様に、最初は互いに別個のふるまいをしていた物であったのに合体して1つの物としてふるまうとか、逆に1つの物としてふるまっていたのに一瞬にして複数の物に分離する場面に驚いたりするのも、「物はかたまりとしてまとまっている」という凝集性の法則に従っているからでしょう。また手元から離れたところにある物が、呪文や不可思議な動作によって独りでに動き出す光景を見ても、私たちは驚きを隠せません。これも私たちが「離れている物どうしは作用しない（物は接触しなければ作用しない）」「物は接触するとお互いに影響を及ぼす（接触する物どうしは作用する）」という接触の法則を有するからです。さらに、宙に浮く人間や物体を見せられて驚くのも、私たちが「支えがなければ物体は下に移動する」という重力法則に従って世界を見ているからです。

これらはすべて物の動きについての基本的物理法則ですが、スペルキ（たとえばSpelke[34]）らを中心に、注視を指標とした乳児実験が数多くなされています。これまでの研究成果のまとめ[9]によると、連続性の法則、接触の法則、凝集性の法則は、おおむね乳児期前半までに理解されるようになることが示されています。一方、重力法則については研究間の食い違いが大きいようです。スペルキは、上記3つの法則より理解が遅れ、8〜9ヶ月以降らしいと報告しましたが[33]、より早期から獲得されるという報告もあります（たとえばBaillargeon[2]など）。以下では、とりわけ獲得時期が早いとされている連続性の法則を検討したスペルキの実験を紹介しましょう。この実験も馴化法を用いて実施されています。

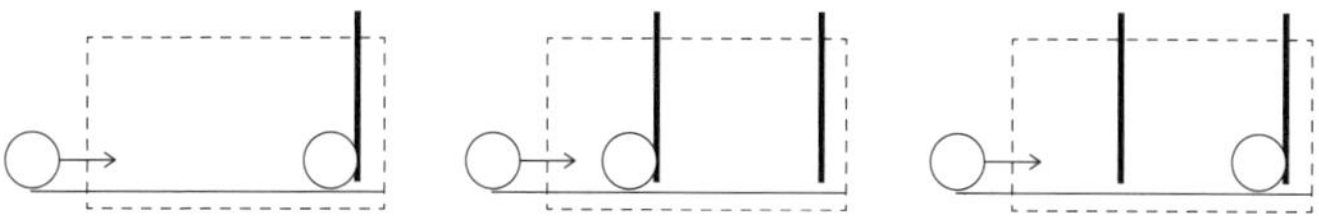

＊点線はスクリーンを表す。板が丸みえの場面を乳児にみせてからスクリーンを下ろす。ボールが止まった後にスクリーンを上げ、ボールの位置を乳児に示す。

図6−2　連続性法則の理解を調べる実験で用いられた装置

（Spelke, et al.,　1992[35]より）

スペルキたち[35]は、2ヶ月半の乳児を**図6-2**の左のような事象に馴化させました。スクリーンの左からボールを転がすとスクリーンの背後に隠れて見えなくなりますが、壁となる板があるため、そこで止まることになります。止まった後スクリーンを上げ、ボールが板のところで止まっていることを乳児に示します。こうした事象を繰り返し乳児に見せると、次第に飽きてきて注視時間が短くなります（馴化）。馴化後、**図6-2**のように、スクリーンの背後に隠れたボールが、2枚ある板の手前の板のところで止まる事象（起こりうる事象）と、あたかも1枚目の板を通り抜けて遠くにある板で止まっているように見える事象（起こりえない事象）を見せます。注視時間を比較すると、乳児は起こりえない事象の方をより長く注視することが示されました。2ヶ月半の乳児は連続性の法則に従って物の動きを予測するため、起こりえない事象の方を不自然と感じ、より長く注視したと解釈できます。

（3）乳児期の素朴物理学の発達モデル

それでは、こうした物理法則はどのようにして獲得されるのでしょうか。ひとつの考え方としては、乳児自身が自分の手足を用いて繰り返し外界に働きかけることで、これらの法則を徐々に発見してくという想定ができるでしょう。乳児の有能性が明らかになる以前は、ピアジェを中心として、そのような考え方が支配的でした。しかし、外界に働きかける身体能力を十分に発達させるのに先んじて、生後数ヶ月で物理法則を理解していることを示す近年の研究報告をみると、乳児はこうした法則をもって生まれるのではないかとさえ思えてきます。実際、この研究領域での第一人者であるスペルキ[34]は、人は物の世界についての理解を可能にする核となる知識（以下、核知識）をもって生まれ、発達は生後に獲得された他の知識を核知識に付加していくことだと主張しました。獲得時期の早い連続性の法則、接触の法則、凝集性の法則は生得的な核知識であり、獲得時期の遅れる重力法則と慣性の法則（障害物がなければ物体は突然その動きを変えることはない）は後天的に獲得されるというのです。

しかしまた、別の見方も提案されています。生得的なのは物についての知識ではなく、これを獲得させるような高度な学習メカニズムだという考えです。ベイラージョンは、乳児は生まれつきの学習メカニズムを基盤にし、生後の経験を通して物理法則を学習すると主張しています。こ

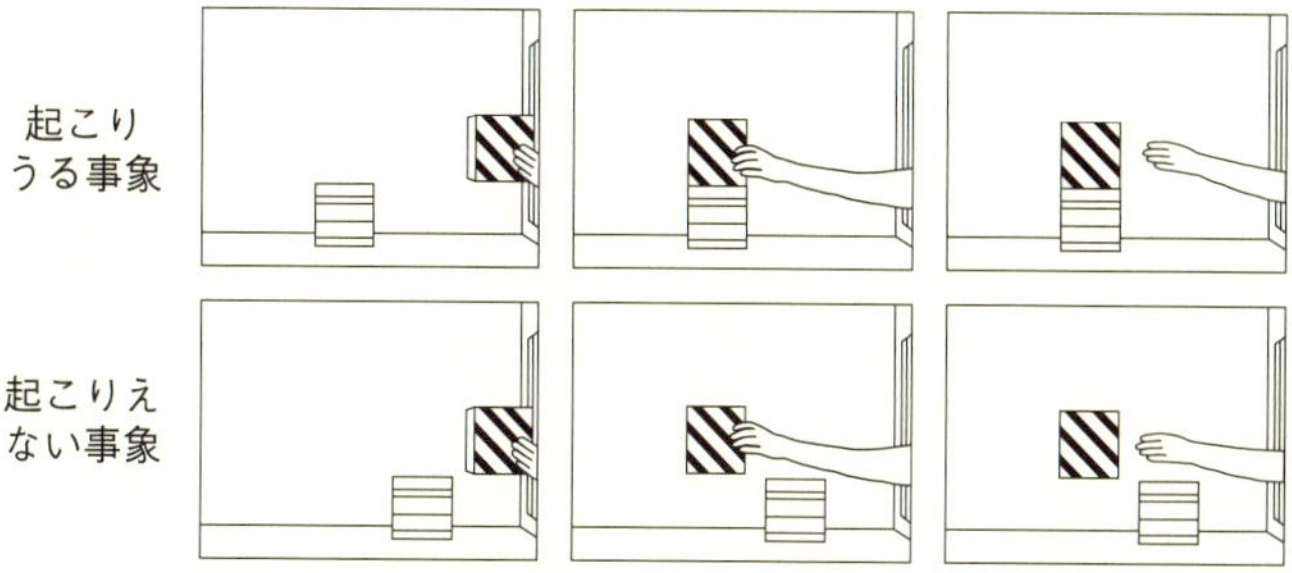

図6－3　支えがないときに箱が落ちることの乳児の理解を調べる実験で用いられた装置

（Needham & Baillargeon, 1993[27]より）

こでは、こうした主張について、支えの関係理解についての研究を通してみていきましょう。

　ベイラージョンたちは、支えがないときに箱が落ちることを乳児が理解しているかどうかを馴化法の応用である期待排反法（日常経験に照らし合わせて起こり得る事象と起こり得ない事象を示して注視時間の相違をみる方法。馴化法から馴化段階を除いた方法といっても良い）を用いて調べています。[27] **図6-3**を見てください。乳児に物理的に起こりうる事象（手で箱を移動させてプラットホームの上に載せる事象）と起こりえない事象（箱をプラットホームを超えて移動させ空中に浮かばせる事象）を見せたところ、4、5ヶ月児は後者の方を長く注視しました。少し異なる手続きを用いた場合では3ヶ月児でも後者を長く注視することが示されていることから、3ヶ月までには物は支えがなければ宙に浮かずに落ちることを理解しているとされています。しかし興味深いことに、この段階では箱がプラットホームに何らかの形で接触していれば

（つまりたとえプラットホームの横にくっついていても）、下に落ちないと考えているようなのです。

その後、生後6ヶ月までの間に2つの発達的変化が生じるらしいことがわかりました。まず接触タイプに注目するようになり、4ヶ月半から5ヶ月半までには、箱が上に載っているときのみ安定が維持されると認識するようになります。[5] 次に接触量に注目するようになり、6ヶ月半までには、箱がプラットホームに十分に載っていない場合は落ちると考えるようになります。[4]

このように乳児は、接触の有無というもっとも本質的な側面を反映した概念から出発し、その後、接触のタイプや量といった変数も含む概念へと徐々に精緻化させていくようにみえます。こうした研究成果をみると、乳児が早期から高度な学習メカニズムを働かせているのではないかという提案はもっとものように感じられます。

さらに、乳児の身体能力の発達やそれによる経験の変化が大きく関与するかもしれないという指摘[9]も注目に値します。たとえば、お座りができるようになるのは生後6ヶ月くらいですが、仰向けで寝ているときと異なり、体軸と垂直軸（物体が落下する方向）が一致することになります。これは重力にかかわる現象理解に有効に働くことでしょう。こうした視点からの実証研究はまだ数少ないのですが、落ちるときの方向――物は斜め横ではなく真下に落ちること――の理解は、お座りの時期と重なることが報告されています。[9]

とはいえ、乳児は基本的物理法則をもって生まれるというスペルキの主張が完全に否定されたわけでもありません。少なくとも重力法則理解に限っていえば、生得性を仮定しなければ説明がつかないものはないようですが、[9] 法則によっては獲得における経験の比重は異なることも、十分考えられます。物理法則理解にかかわる生得と経験がどのようにかかわっているのかについては、今後の検討が待たれるところです。

(4) 残された興味深い謎

以上みてきたように、生まれたばかりの乳児でも基本的な物理法則を理解しているようです。とすると、ごく幼い子どもでも大人と同様に手品を楽しめると考えたくなります。しかし、冒頭のエピソードのように、マジックショーの最中に子どもたちの表情や行動を詳しく見ていくと、この考えに疑問符がつくのです。就学する少し前の幼児期後期の子どもは、手品を見ると大きな驚きを示し、種を明かそうと身を乗り出したり、マジシャンに接触しようとしたりします。ところが、こうした表情の変化や種明かしのための行動は、年少児クラスの子どもではほとんどみられません。こうしたことは、手品を幼児に見せる実験場面を設定し、その際の幼児の表情や探索行動などを観察分析した研究でも示されています。[36]

乳児と幼児での実験結果での不一致を、どのように解釈すればよいのでしょうか。乳児は物理法則をある程度理解しているといっても、大人と同じように「ありうる事象」と「ありえない事象」という区別を十分にできないのかもしれません。せいぜい、ある事象が日常的にありうるか、

（ありうるけれども）稀にしか起こらないかというレベルで判断しているだけで、「ありえない世界」というものが明確化していないのかもしれません。[37] 年少児が手品を見てもあまり驚かないのは、それを稀にしか起こらないけれども「ありうる世界」の事象だと判断するからなのかもしれません。一方、幼児期後期ともなると、日常経験を積むことで次第に「ありうる世界」と「ありえない世界」が分化し、手品を「ありえない世界」の事象だと認識するからこそ楽しめるようになるのではないでしょうか。今後の検討が待たれる興味深い謎のひとつです。

さらにまだ大きな謎があります。近年の乳児研究の主流は注視時間を指標とした実験であり、これにより乳児の有能性の数々が明らかになってきました。しかし、探索活動を指標にした実験では異なる結果が得られることが少なくありません。すでに紹介したように、注視時間を指標として対象の永続性法則を調べると遅くとも生後6ヶ月くらいまでには理解されるとの結果が得られています。しかし9ヶ月くらいまでの乳児は、目の前にあるおもちゃに布がかけられてしまうと探せなくなってしまう、という事実はピアジェ以降、繰り返し報告されている事実でもあるのです。こうした結果の不一致は連続性法則の理解でもみられることが指摘されています（実験コラム参照）。[11][13][20] なぜこのようなことが起こるかはまだよくわかっておらず、解明すべき謎として注目を集めています。

2　大人の素朴概念と乳幼児期の素朴物理学のつながり

1節でみてきたように、生まれたばかりの乳児でも物の性質や動きについて直観的に理解していることが明らかにされてきました。こうした直観的理解をベースに、物の世界についての理解は年齢と共に豊かになっていくに違いありません。しかしながら、年長の子どもや大人が必ずしも正しい物理的知識をもっているわけでなく、学校で物理学を教えられても変更することの難しい誤った概念として定着している場合も少なくありません。科学の素人が日常経験の範囲内で構成する、科学的概念と対立する概念という意味から、素朴概念と呼ばれています。大人の素朴物理学と呼ぶこともありますが、ここでは乳児期の素朴物理学との区別、科学的概念との対立という点を強調するために素朴概念と呼びたいと思います。

この節では、乳児期から大人までの物の世界についての理解がどのようにつながっているのかを、実証研究がある程度蓄積されている重力法則理解を中心としてとりあげることで描写していきます。そして、物の世界についての大人の素朴概念の起源が乳幼児期にあるとの主張について考えてみたいと思います。

（1）大人にみられる素朴概念

大人でも必ずしも正しい物理的知識をもっているわけでないことを実感していただくために、まず次のようなゲームをやってみていただければと思います。

コインとカップを用意し、広い場所に持っていきましょう。カップを床に置き、コインを持ったままカップの手前3、4メートルから図のような格好で歩き始めます。なるべく同じ速度で歩き、姿勢を維持したままカップに近づきコインをカップの中に入れてみましょう。

さて、うまくカップにコインを入れることができたでしょうか。これはマクロスキーたち[21]の実験状況を改変しゲームにしてみたものですが、おそらく、多くの人はコインが行きすぎて、外れてしまったのではないでしょうか。

なぜこのようなことが起こるのでしょうか。ニュートン力学からすると、歩行中の人は（単に物を持って歩いているだけで）物に力を伝達しているので、（テーブル上にある静止物体を手で押して動かすときと同じように）前方に進みながら放物線を描いて落下するはずです。しかし、多くの人は「物はまっすぐ落下する」という素朴概念（以後、真下落下ルールと表記）に支配されている

ため、歩行中の人によって物体が落とされると、まっすぐ下方向に落下していくと考えるのです。そのためカップのちょうど真上でコインを手から離してしまい、うまく入らないというわけです。
　実際には、マクロスキーたちは**図6-3**のようにボールを片手で持って一定の速度で歩いていきながら、ある地点でその手を放した場合、ボールはどの地点で落ちるのかを99名の大学生に質問しています。その結果、（a）手を放した地点より前に落ちるとした者が45％、（b）手を放した地点に落ちるとした者が49％、（c）手を放した地点よりも後ろへ落ちるとした者が6％でした。正解は（a）なのですが、（b）を選んだ人も約半数おり、真下落下ルールを信じている人が多いことがうかがえます。これと同様に、飛行機から落とされた爆弾はどのような軌道を描くかを大人に尋ねてみても、まっすぐ下に落ちると答えることが多いのです[19]。
　この他にも、物理に関する領域においては数多くの素

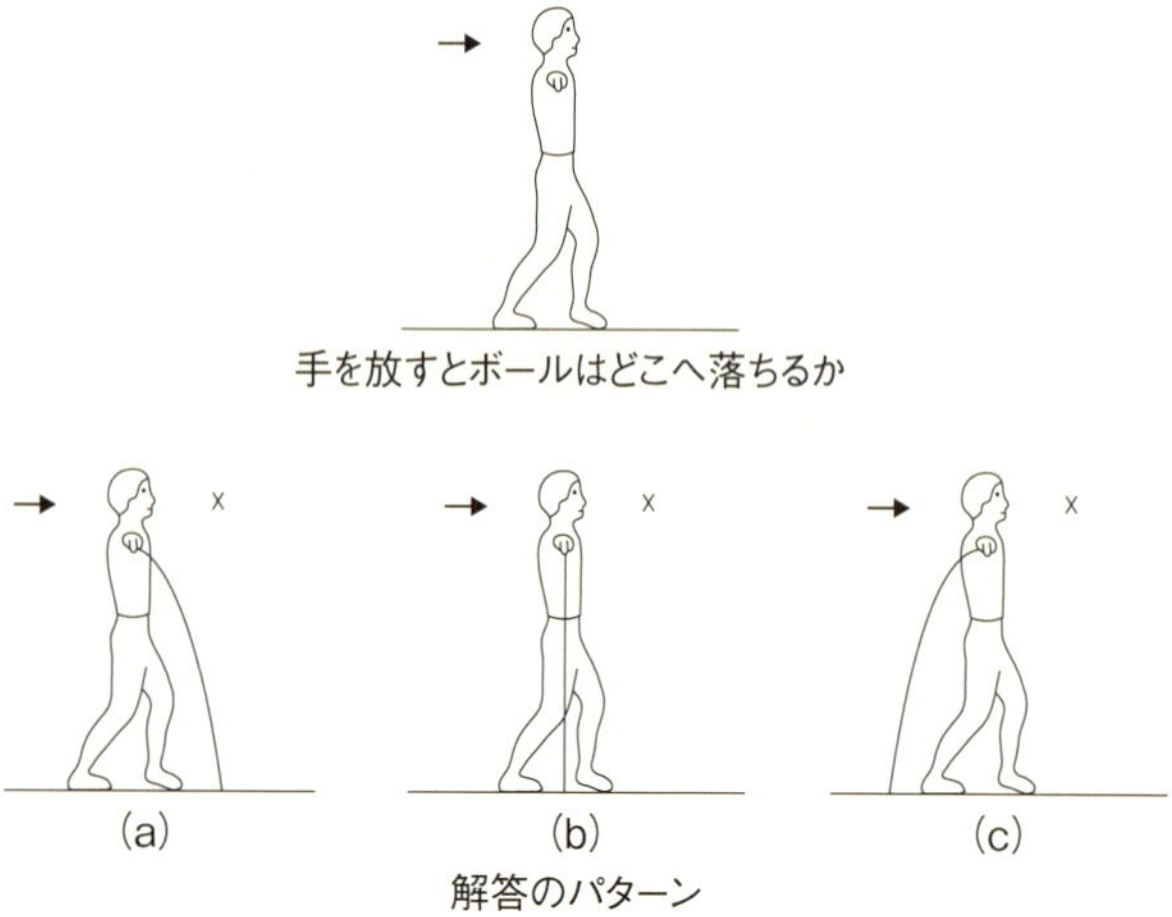

図6－4　マクロスキーたちによるボール落下課題で用いられた図版

（村山，1989[24]，p. 139より）

朴概念が明らかにされていますが、ここでは物の落下に関する有名な例をもうひとつ紹介しましょう。クレメント[8]は、コインが上に向かって投げられて空中を上昇している時点のコインに働く力を矢印を用いて示すという問題を米国の理学・工学専攻の学生に解かせました。その結果、新入生の正答率は12%、力学の講義を受けた学生でも28%しか正答できませんでした。コインには重力による下向きの力しかかかっていないというのが正答ですが、多くの学生はコインには手からコインに伝わる上向きの力と重力による下向きの力の2つの力が作用し、前者の方がより強いためにコインは上に押し上げられると答えるようです。つまり彼らは「物が動いている時には進行方向に力が加わっている」という素朴概念をもっており、これを正すような科学教育を受けたとしても、修正できないというわけです。

興味深いことに、ここまで紹介してきた素朴概念は、中世の物理理論と非常に類似しています。時代や文化を超えて、私たち人間にはこうした素朴概念を作り出す素地が備わっていることがうかがえます。

それでは、素朴概念はどのようにして形成されるのでしょうか。私たちは、物の性質や動きに関する現象を日常生活のなかで幾度となく観察しているはずです。上述のクレメントの実験結果は、こうした日常経験から一般的な法則を抽出することにより素朴概念が形成されるのではないかという予測を容易に生み出します。日常生活においては「力を加え続けないと荷物が動かない（実際は摩擦があるからですが）」など素朴概念と一致する経験を幾度となくするからです。

しかしマクロスキーたちが示した真下落下ルールについて考えをめぐらすと、そう単純にはいかないことに気づきます。真下落下ルールに一致するような現象を私たちは経験しえないので、経験から一般的な法則を抽出することにより生成されたものと単純に考えることは難しいでしょう。では、いったいどのようにして、素朴概念は作り出されるのでしょうか。

私たちは、経験を蓄積し、それを一般化することにより概念や知識を獲得すると考えがちですが、もしかするとそれは単純にすぎる考え方かもしれません。素朴概念の問題は、こうした根本的な問いを投げかけるものでもあるのです。[24]

（2）素朴概念の起源としての乳幼児の素朴物理学

素朴概念の起源にかかわる実証研究がほとんどないという状況は、約20年前に指摘されたとき[24]とあまり変わりません。しかし近年、重力領域でみられる素朴概念――特に「真下落下ルール」――に関しては、それが乳幼児期の素朴物理学に根差すのではないかという知見が集積しつつあります。

「対象はまっすぐ落下する」という真下落下ルールは、幼児期についてはフッド[14]が検討しています。フッドは**図6-5**のようなチューブ課題を考案し、ボールを3つのチューブのどれかに落とすところを2歳から4歳の幼児に見せ、複数並んだ出口のどこからボールが出てくるかを予想させました。チューブはすべて不透明で、互いに交差させて迷路のようになっており、チューブの数などにより課題の難易度を変化させることができるようになっています。

この実験の結果、2歳児はすべてのレベル、3歳児はレベルⅡとⅢに失敗し、4歳になると全レベルで正しいチューブの出口を予測できました。ここで注目すべきは子どもの示す失敗のパターンです。フッドの分析によると、子どもの失敗はボールを離したチューブの入り口の真下の出口を探すというものが大半でした。そしてこの失敗は、透明なチューブを用いて何度も訓練した後でも（透明チューブでは、2歳の子どもでもボールをうまく見つけることができるのですが）、克

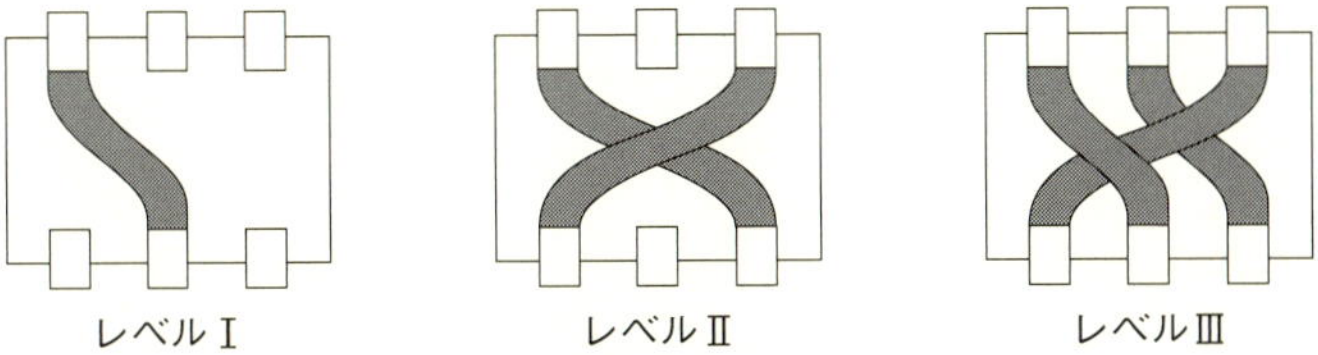

図6－5　難易度別のチューブ課題

（Goswami，2007[12]より）

服することが難しいのです。

入り口の真下を探すという行動は、明らかに連続性の法則と矛盾しています。すでに1節で述べたように、乳児でも連続性の法則を理解しているはずなのに、なぜそれに矛盾する予測をしてしまうのでしょうか。フッドはこれを「重力エラー」と呼び、物はまっすぐ下に落ちるという重力の素朴概念（真下落下ルール）を強く信じ、本来優先されるべき法則（ボールはチューブに沿って動く、ないしは連続性の法則）を抑えて予測を支配するために生じると主張し、追加の実験によってこの主張の妥当性を確かめています[15][17]。

それでは、この真下落下ルールはいつごろから、どのように獲得され、支配力をもつようになるのでしょうか。すでに1節で紹介したように、お座りという身体能力の獲得の時期に、物は通常、真下に落下することを理解するようになり、乳児期後半にかけて支配的なものに変化する可能性が高いようです[9]。

（3）何が発達するのか？——抑制機能の発達による葛藤の調整

以上のことから、大人の示す真下落下ルールの起源は、乳幼児期の素朴物理学にあり、乳児期のうちに他の物理法則を圧倒するほど支配力をもつようになるという可能性が考えられます。それではこの真下落下ルールは、大人の素朴概念とどのようにつながっているのでしょうか。

フッドたちは、そのカギを握るのが抑制機能の発達だと考えているようです。抑制機能とは、課題解決のために「なすべきこと」を明確にしつつ、解決には結びつかないけれども「したいこと」や「してしまうこと」を抑制する能力です[22]。5章で紹介した実行機能の中心的下位機能のひとつです。

抑制機能という観点からのフッドたちの説明を紹介しましょう。すでにみたように、4歳になるとチューブ課題での重力エラーはみられなくなります。フッドたちの考えによると、これは真下落下ルールの消失を意味するわけではありません。発達するのは、真下落下ルールの適用を抑制する機能であるというのです。そのひとつの証拠として、チューブ課題をより複雑で認知的負荷の高いものに代える（異なるチューブの入り口から赤と緑のボールを同時に入れ、どちらかのボールを探すように求める）と、4歳半を過ぎた子どもでも再び重力エラーを示すことが確認されています[18]。フッドたちは、課題を複雑にすることで注意が分散されることによって、不適切な知識である重力エラーの抑制に失敗するのだと主張します。抑制コントロールは幼児期に発達し、前頭葉の成熟と関連があるとされています[11][23]。オリジナルのチューブ課題において2～4歳の子どもに顕著な年齢差がみられたことも、抑制機能による説明と一致しています。彼らの見解に基づくと、真下落下ルールは大人になっても残り、普段は休眠しているだけなのです。そして課題状況によっては、大人においても誤概念として再出現する（たとえば、本節の冒頭で紹介したコインゲームがうまくいかないように）と考えられています。

フッドたちの抑制機能の発達による説明は、今後、実証的な検討を進める必要があると思われます。しかし、子どもの素朴物理学と大人の素朴概念の結びつきについての実証研究は希少であることを踏まえると、現段階では有力な説であるといえましょう。

3　天文学領域の概念発達 ― 地球は丸い？　それとも平ら？

1、2節では、子どもは物の世界を理解するための枠組み ― 素朴物理学 ― を早期からもち、それは大人になっても消失してしまうわけではないらしいこと、科学的概念の理解を阻害する場合が少なくないことなどをみてきました。実はこの素朴物理学は、地球の形や昼夜サイクルなど、天文学領域についての子どもの概念にも大きな影響を及ぼすとの考えがあります。この主張の正当性をめぐって、現在、論争が展開中です。

この節では、この論争を紹介することで、天文学領域での子どもの理解における素朴物理学や文化の役割、子どもの理解を調べる方法の妥当性について考えてみたいと思います。

（1）地球の形について子どもはどのような考えをもつか

「地球はどんな形？」と聞かれて「丸い」と答えられるようになったのはいつごろだったか覚えているでしょうか。現代の日本では幼稚園の子どもでさえ「丸い」ことを知っているようです。[25]

しかしさらに「ずっとまっすぐ歩き続けたらどこにたどり着く？」「地球は丸いのに地面は平ら

なのはどうして？」などの質問をしたり、地球の描画をさせたりすると、子どもたちの「丸い」の解釈はさまざまであり、必ずしも大人と同じようには考えていないことがわかります。以下に示したのは、大人とは異なる概念をもつと思われる小1の子どもの面接の様子です。

調査者：ずっとまっすぐ歩き続けたらどこにたどり着くと思う？
マシュー：地球の端に着くんじゃないかな。
調査者：地球の端に行けると思う？
マシュー：いけないと思う。
調査者：じゃあ、たくさん食べ物をもってずっと歩き続けたら？
マシュー：たぶん行けると思う。
調査者：地球の端から落ちると思う？
マシュー：落ちないよ。だってもし地球の外側にいたら落ちるかもしれないけど、僕たちは地球の内側にいるから落ちないと思う。

（Vosniadou, 1994a[41] より抜粋し翻訳した。）

こうした自由回答形式の質問を多用した方法（**図6-6**）で、アメリカの小1から小5の子どもを調査したヴォスニアドウたち[43]は、子ども独特の概念が少なくとも5種類あることを見出しま

問　　題
Q１　地球はどんな形ですか
Q２　地球を見るためにはどちらの方をみたらよいですか（Q３～Q５）
Q６　地球の絵を描いて下さい
Q７　この絵の中で月と星と空はどこにありますか
Q８　人はどこに住んでいるのか示して下さい
Q９（a）　ここに家の絵があります。この家は地球の上に建っていますね。 （b）　あなたはさっき（Q６）地球を丸く描いたけれど、なぜこの絵の中では地球は平らなのですか。 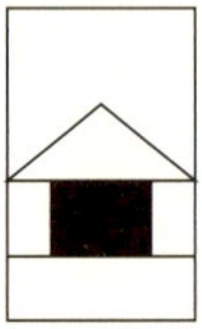
Q10　何日もまっすぐ歩いていくとどこに着くと思いますか Q11（a）　今までに地球の端に行ったことがありますか （b）　地球の端はあると思いますか
Q12　地球の端から落ちることはあると思いますか Q13　落ちたらどこに着くと思いますか
Q14（a）（子どもの描いた円を提示して）シャンペーン（対象となった子どもたちのホームタウン）はこの絵の中でどこにあると思いますか （b）中国はどこにあると思いますか Q15　（子どもの描いた円の下部を指して）地球の下側は何か教えて下さい

図6－6　地球の形についての質問

（Vosniadou & Brewer, 1992[43]の使用した質問（翻訳））

した（図6-7）。上記のエピソードは、彼女たちにより空洞型概念をもつとされた子どもの例です。

　アメリカや日本などの先進国では、子どもはかなり早期から地球が球形であることを示す情報に触れる機会が多いといえます。それにもかかわらず、なぜ子どもは大人とは異なる概念をもつことがあるのでしょうか。

（2）地球について子どもが独特の考え方を示すのはなぜか――素朴物理学の働き

地球について子どもが大人とは異なる考えを示すのは、身近にある物の世界にあてはまる原理や規則性――素朴物理学――を地球にあてはめて考えるからというのがヴォスニアドウ[41]による枠組み理論アプローチの主張です。特に2つの基本原理――「人が住んでいる大地は平坦である」「支えられない物は下に落ちる」――が科学的に正しい概念である球形概念（図6-7）と矛盾しているという点で重要であると指摘しています。子どもはまだ地球が丸いことを知らないときには、この2つの基本原理をそのまま反映する初期モデル（図6-7）をもちます。その後、地球が丸いことを知って球形概念への変更が起こるためには、基本原理の修正が必要です。

しかし子どもにとってこれらの基本原理を疑い、修正することはそれほど容易なことではないとヴォスニアドウは指摘します。これ

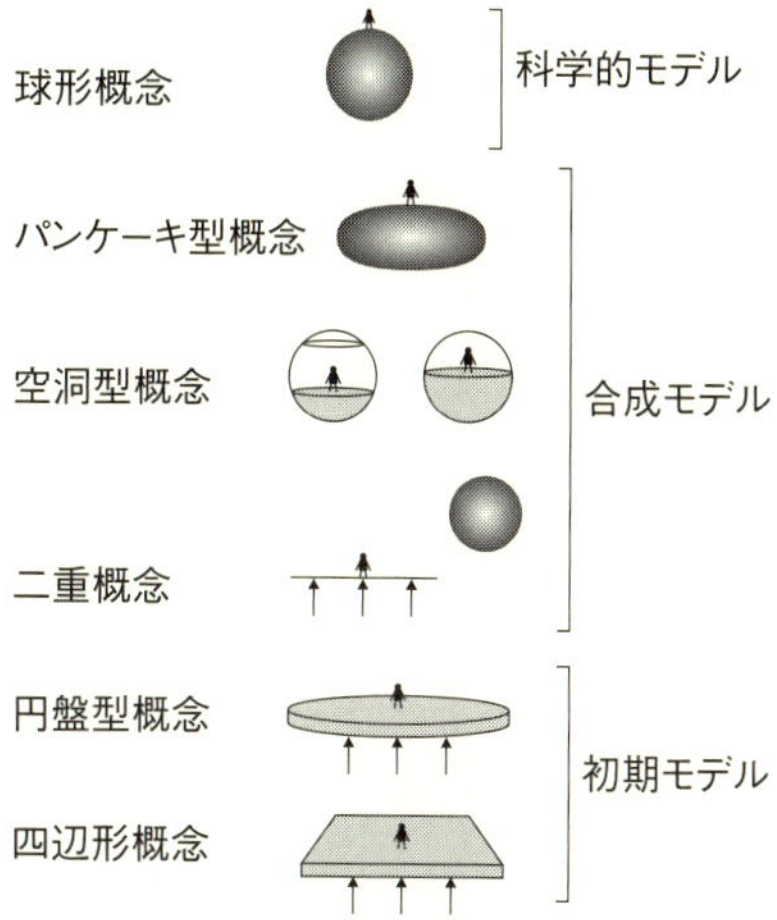

図6－7　地球の形にたいする子どもの概念
（内田伸子編，2008[38]，p. 170より）

らの原理は、単独に存在するのではなく、素朴物理学という身近にある物の世界を理解するための大きな理論枠組みのなかに組織化されていると考えられるからです。1、2節でみたように、この素朴物理学は、生後間もなくから働き、日常経験を組み入れながら精緻化されていきます。そして日常生活の範囲内ではとてもうまく働くため、そのなかに埋め込まれている基本原理に疑問をもつことは通常起こりにくいのです。したがって基本原理修正の前提として素朴物理学を根本的に改定することが必要になり、地球が丸いという知識に直面して基本原理とのつじつま合わせを行うために、合成モデル（**図6-7**）を構築すると主張しました。

このように地球の形の概念形成において、子どものもつ素朴物理学の作用を強調するのがヴォスニアドウたちの枠組み理論アプローチの特徴です。基本原理の影響を強く受けた子ども独自の合成モデルは、サモアやギリシャ[42]、インド[30]、アメリカインディアン[10]など、さまざまな文化でなされた研究においても確認されています。こうした結果から、ヴォスニアドウたちは、地球についての科学的概念獲得には時間がかかり、それまでの過程においては、素朴物理学の作用が強く働くため、合成モデルが生成されるという現象が文化を超えてみられると主張しています[42]。

（3）地球についての子どもの概念をめぐる論争の展開

文化や教育の役割の強調

しかし、ヴォスニアドウたちの主張のように、子どもたちが日常生活のなかで地球についての情報に触れるとき、素朴物理学の影響が強く作用するという現象はそれほど一般的なことなのでしょうか。合成モデルの生成はありふれた現象なのでしょうか。

大学生106名に対して、幼少期のころに地球の形についてどのように考えていたかを回顧して複数の質問に答えてもらったことがあります。「科学的モデルを知って驚いたことがある」と答えた者は約40％（残りはそうした経験はないか、記憶にないとの回答）程度はいるものの、「科学的モデルについて、それが正しいとは信じられなかったことがある」とした学生は約27％、「地球について、科学的モデルとは異なるイメージをもっていた時期がある」とした学生は約19％、「科学的モデルについて、正しいものと信じられるようになるまで、ある程度の時間がかかった気がする」とした学生は17％にすぎませんでした（残りの大半の学生は、各質問に対してそうした経験はないか、記憶にないとの回答）。一方、「科学的モデルについて、いつのまにか正しいものと信じるようになった気がする」とした学生は約73％に上りました。球形モデルに接し、驚き、矛盾を感じた人はある程度はいるものの、球形モデルを受け入れなかったり、合成モデルを形成したりした記憶をもつ人は少数派のようです。ほとんどの者が「いつのまにか地球が球形であることを信じていた」と答えるのです。もちろん過去の記憶は変容しやすいですし、思い出として残る記憶は3、4歳以降であることがほとんどですから（3章参照）、こうした回顧データの解釈は慎重に行うべきです。しかし、こうしたデータの他に、次のような子どものエピソードをみると、

ヴォスニアドウたちの主張の一般性には、多少とも疑問を感じざるを得ません。

【エピソード】

6歳のソウタは、お絵かきが大好き。ある日保育園で、地球の絵を熱心に描いていました。まるで地球儀を見ながら描いているように、おおよそ丸く、海のところは青く、陸のところは緑や茶色で描き分けます。私が「ソウちゃん、何描いているの?」と尋ねると「地球だよ。でね、地球ってね、ボールみたいな形をしているって図鑑にのってた。」そこで私が「じゃあ、この下の方にいる人は下に落ちてしまわない?」と聞くと、「うーん。そんな気もするんだけど、たぶん大丈夫じゃない。だって、人間は誰も落ちていないしね。」さらに重ねて「地球がボールのように丸いとしたら、地面も丸くなっているはずじゃない? でも平らに見えるのは変じゃない?」と問うと、さすがにうんざりした表情を見せながら「うーん、まぁ、なんでかはよくわかんないけど。ともかく図鑑やテレビで地球の写真を何度も見たし、地球儀もあることだし、間違いないよ」と興味なさそうに答えたのでした。

こうしたエピソードは、文化が伝える情報の影響の強さを感じさせるものです。メディア等が伝える地球についての情報の重要な部分（地面が球状であるとか、下の人も落ちないとか）に対して、たとえ直観に反すると感じたとしても、ひとまずは受け入れているのではないかと思わせるものです。子どもたちは素朴物理学に強く束縛されているわけではなく、案外すんなりと球形概念を受け入れることが少なくないのかもしれません。

4章でも登場したM・シーガルは、ヴォスニアドウたちの主張に疑問を感じ、地球の形についての概念発達においては、文化がより重要な役割を果たすのではないかという想定のもと、仲間と研究を開始しました。[32] 彼らは、南半球に位置し、天文学に関する学校教育がアメリカやイギリスより早期に開始される（小1（5〜6歳）ないしは幼児期（4〜5歳）に開始）オーストラリアの子どもに注目しました。オーストラリアの子どもは英国の子どもと比較すると、地球についての科学的知識獲得の時期が早いこと、英国の子どもが天文学を学校教育で教わる8〜9歳ころには、オーストラリアとの差がなくなることを報告しています。こうした報告は、文化、とりわけ天文学についての教育システムが文化によって異なることが概念発達に影響するかもしれないことを示しています。子どもの概念が素朴物理学に強く束縛されているという主張とは一致しない結果です。

方法論の妥当性

さらにシーガルたちは、冒頭のエピソードで紹介したようなヴォスニアドウたちの調査方法（図6-6参照）、すなわち自由回答形式や描画による調査方法に問題があり、子どもの概念を検討するには不適切であると痛烈に批判しています。たとえば「地球はどのような形ですか」と問われたとき、地上から見える地球の形についてなのか、宇宙から見た地球の形についてなのか、質問の意図をどうとらえるかによって答え方は変わってきます。こうした質問をはじめ、ヴォスニアドウたちが用いた質問は、大人でさえ意図がつかみにくいものが多く、同じような質問が繰り返しなされるため（「今まで地球の端に行ったことがありますか」「地球の端はあると思いますか」など）、子どもにとっては回答として求められていることを誤解しやすいのではないか。また、描画スキルの未発達により、子どもの能力を過小評価

オーストラリアとイギリスの４～９歳児に訊いた質問

1．地球は丸いのかな、それとも平らなのかな？　もし地球が丸い／平らなら、それは円みたいに見えるかな、それともボールみたいに見えるのかな？

2．地球が丸い／平らであると、どうしてわかるのかな？

3．このモデルを見て。これは丸いボールだよ。こっちは、上の部分が平らになっているボールの一部分で、ふたがついているよ。そしてこれはね、表面が平らになってるよ。世界が本当はどうなっているかを示すモデルを指してくれる？

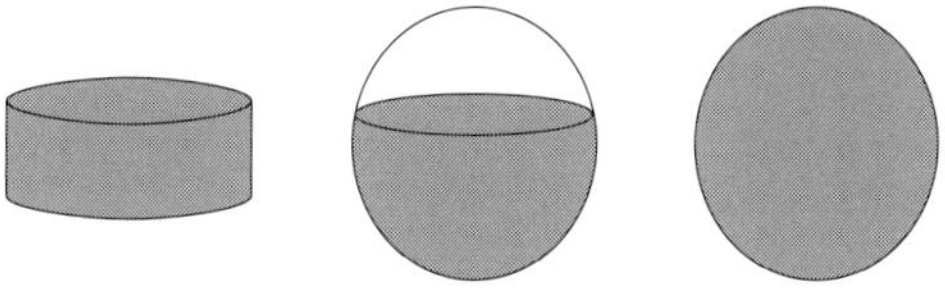

4．もし何日もの間、まっすぐに歩いて行ったら、地球の端っこから落っこちちゃうかな？　どうしてそうなるの／そうならないの？

5．この小さな女の子は、ねばねばしたものがくっついているの。だから、この女の子をここ（上の面）やここ（側面）、そしてここ（下の面）にくっつけることができるのよ。じゃあ、このモデルのどこにオーストラリア／イギリスの人たちが住んでいるのか、この人形を使って教えてくれる？

6．人々は、ここの上の面／下の面に住むことができるかな？　イギリス／オーストラリアの人たちがどこに住んでいるのか教えてくれる？

7．ある子どもは、空は四方八方にあると考えているの。でも別の子どもは、空は上の部分にしかないと考えているの。空は本当にはどこにあるのか指さしてくれる？

8．ここに別のボールがあるの。これを太陽だと思ってね。太陽が地球のこっちの部分を明るく照らしているとき、別の部分は昼なのかしら、それとも夜なのかしら？

9．それが世界の別の部分を照らしているとき、こっちの部分は昼なのかしら、それとも夜なのかしら？

10．ある子どもが次のように言いました。世界の一方の部分では太陽が下りていき、もう一方の部分では上っていくから、昼になるんだよ。だけど別の子どもはこう言いました。世界は廻っているの。そしてね、太陽は一度に世界の一つの部分しか照らすことができないから、昼になるんだよ。

11．あなたは、月の下の部分に立っているこの小さな女の子だと思ってみて。彼女はね、この下の世界に住んでいる友だちを見ているの。その友だちは、この小さな女の子が正しく見えるかな、それとも上下逆さまに見えるかな？

12．彼女の友だちから見ると、この小さな女の子は世界の上の面にいるように見えるのかな、それとも下の方にいるように見えるのかな？

13．地球はどんな形をしているの？　一番いいモデルがどれか、教えてくれる？

14．ここに地球儀があるの。この地球儀の上でオーストラリアがどこにあるのか教えてくれる？　じゃあ、イギリスのロンドンはどこにあるのか教えてくれる？

図６－８　シーガルたちが使用した質問（シーガル，2010[31]，p. 81より抜粋）

してしまったのではないかというのです。そこで彼らは、質問の意図をわかりやすくし、答えを選択肢から選べる形式の質問や、複数の模型から選択させたりするなど、子どもの負担の少ない調査方法を採用して調査を実施しました[32]（**図6-8**）。こうした手法を使用した最近の諸研究では、ヴォスニアドウたちが示してきたような合成モデルの存在が確認されることは稀であり、子どもたちはより早期から断片的な形態の科学的知識を獲得できることが示されています。こうしたシーガルたちの立場は、断片知識アプローチと呼ばれています。

たとえばイギリスの幼児と小学生を対象にした調査[28]では、6～7歳以上の子どもは90％以上、4～5歳児で60％強の子どもが、球形概念に相当する模型を正しいものとして選択し、合成モデルに一致する反応パターン（空は地球の上側にしかないという反応や、何日もまっすぐ歩き続けると世界の端から落ちるという反応）を示すものは少数だったと報告されています。日本の子どもを対象とした研究[25]でも、断片知識アプローチの主張を支持する結果が示されています。

こうした主張に対してヴォスニアドウたちも真向から反論を示し、さらに断片アプローチからも再反論がなされる、という具合に、素朴物理学や文化の作用と方法論をめぐる論争は現在も展開中です[26]。

（4）地球の形の概念発達についての新しい見方

それでは断片知識アプローチの考え方に基づくと、地球の形についての概念獲得はどのようなプロセスと考えられるのでしょうか。子どもたちは地球についての断片的な科学的知識を、素朴物理学の制約を受けることなくそれとは独立なものとして蓄積していき、その後、徐々に素朴物理学とも両立しうる整合的な概念を構築していくプロセスが提案されています[26][31]。たとえば、地球が球形であることを早期から受け入れたとしても、しばらくの間は「なぜ地球の反対側の人が落ちずにいられるのか」という物の落下についての矛盾に気づかなかったり、さほど気にかけなかったり、矛盾は気になるけれども留保しておくという時期が長く続くかもしれません。しかし科学的な重力概念をどこかで聞きかじってくることが多くなる児童期中期くらいには、地球上での物の落下にまつわる矛盾が解消されて腑に落ちる経験をしたり、反対側の人が落ちない理由をうまく説明できるようになると考えられます。ここではじめて、物の落下についての基本原理の修正が起こるわけです。ヴォスニアドウが主張するように、必ずしも素朴物理学の大きな変革の後に球形概念を受け入れるという順序ではないのではないかという考え方です。

かつてヴィゴツキー[39][40]は、科学的概念の獲得が生活的概念の発達を促進しうると主張しました。地球の形の概念の場合も、地球は球形であるという科学的概念を獲得することによって、地面は平らだとか、物は下に落ちるといった生活的概念のとらえなおしや変容が生じるということなのかもしれません。

おわりに

本章でみてきたように、子どもは生まれて間もなくから物の世界についての初歩的な理解をもつようです。一方、科学教育をしっかりと受けたはずの大人でさえ、ある種の物理法則の理解はそれほど容易ではないこともわかっています。乳幼児期の素朴物理学と大人の素朴概念はどのようにつながっていくのか、その発達過程については、今後、さまざまな側面から研究を積み上げて解明していく必要があるものの、科学的概念の獲得にともなって素朴物理学ないしは素朴概念が消えるという単線的なものではなく、これらは共存して蓄積されるのかもしれません。そして発達にともなって、目的や状況に合わせて適切な知識を柔軟に使用できるという方向での変化がみられるのではないかと考えられます。

〈実験紹介〉乳児研究における注視課題と探索課題

【目的】

注視時間を指標としたこれまでの乳児研究から、「物は時空間を飛び越えずに連続した経路を通って移動すること」「ひとつの物体が別の物体をすり抜けることはない」という連続性法則は乳児期早期に獲得されることが示されています。この結果に基づくと、図6-9で示したような装置に右の坂からボールを転がしたとき（上部から見えている板がボールの行く手を阻むように設置されており、子どもにもそれを確認させる手続きの後に）、幼児がAやBの場所を探すことはありえないはずです。しかしながら、実際には2歳代の子どもにはこの課題は難しく、3歳にならないとボールのある場所をすぐに見つけ出すことは難しいことが示されています[7]。

これは何も、乳児でできていたことが幼児になるとできなくなるということではなく、乳児研究ではこの探索課題とは別の指標、すなわち注視時間を使用してきたことに原因があるかもしれません。フッドたちはこの可能性を検討するために、同じ幼児に対して注視課題と探索課題の2つを実施し、結果の違いが表れるかどうかを検討しました。

【方法】

（対象者）83名の2歳半児（平均年齢30・8ヶ月）、62名の3歳児（平均年齢36・8ヶ月）。

（装置）図6-9参照。板を各ドアの間、AからDのいずれかに置くことができ、右の坂から転がる缶の行く手を阻む位置となっています。1～4のドアを開けて缶を探すことができるよう

図6−9　フッドたちの実験の装置

（Hood et al., 2003[16]を参考に作画）

になっています。

（手続き）装置の2メートル手前に子どもを座らせ、装置と手続きに慣れさせるために、右の坂から缶を転がすと、板がないときは装置の左端まで転がり、板があるときはその手前のドアから見える位置で止まるといった場面を見せておきます〈準備段階〉。その後、全対象者に対し、観察課題と探索課題を実施しました。課題の実施順序に偏りが出ないようしました。

（観察課題）幼児の注意を向けさせたうえで、Cの位置に板を置き、右の坂から缶を転がします。缶が止まったと同時にCの両側の2と3のドアを開けます。可能条件では、缶が3のドアに見える場面を示し、不可能条件では缶が2のドアに見える場面を示します。条件の実施順序に偏りが出ないようにしました。

（探索課題）缶を転がすまでの手続きは観察課題と同様。その後、ドアを開けて缶を取り出すように

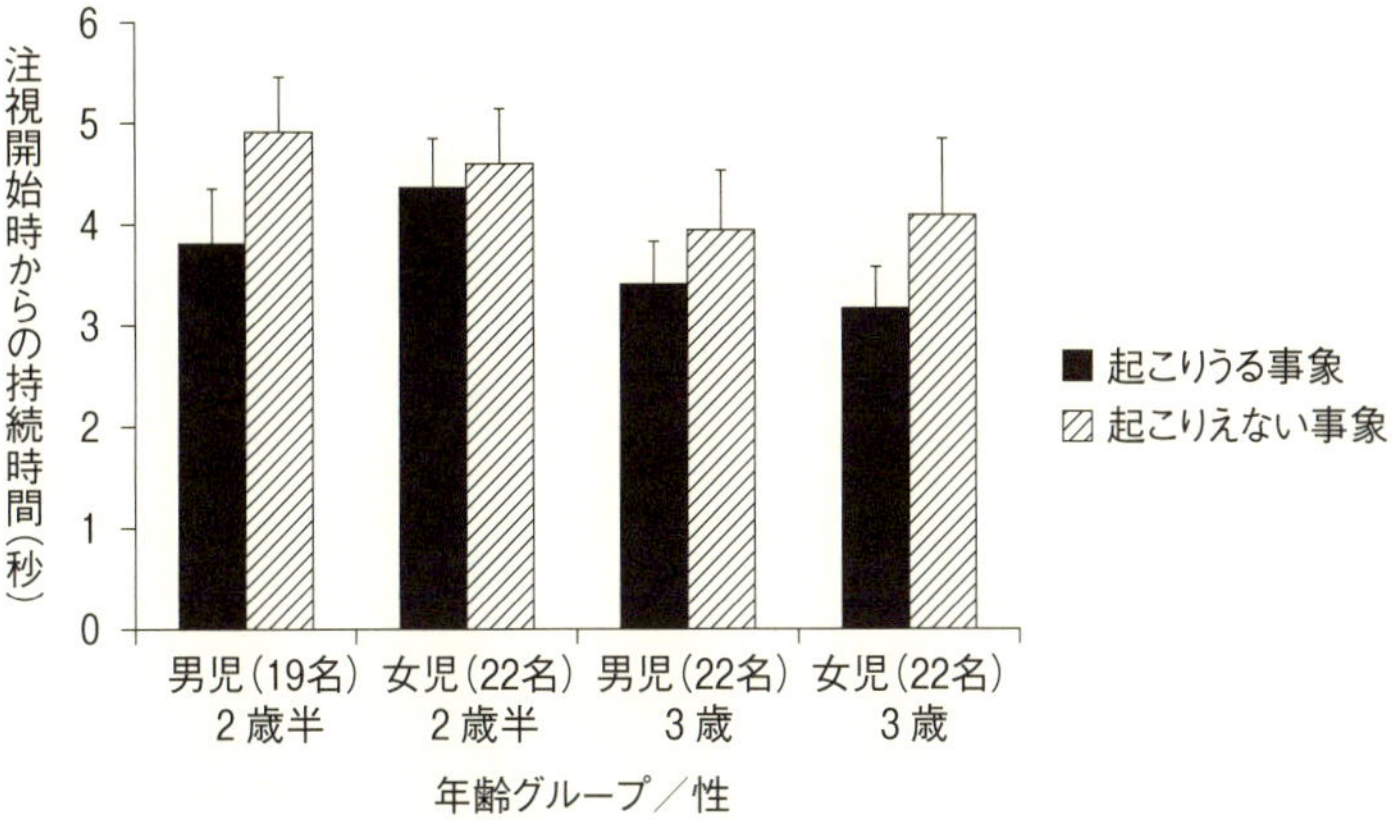

図6-10　観察課題の結果（Hood et al., 2003[16]より）

促します。板の位置を変えた複数の試行を実施しました。

【結果】

図6-10は観察課題の結果であり、起こりうる事象、起こりえない事象への注視時間（ドアが開き注視を開始してから最初に目を逸らすまでの時間）です。どの年齢の子どもも、起こりうる事象より起こりえない事象の方をより長く注視していることが示されました。同様の結果は、別の注視指標（ドアが開き、注視を開始してから10秒間の間の総注視時間）でも得られました。これらは子どもが連続性法則の違反に敏感であることを示唆します。

一方、図6-11は探索課題の正答率（最初に正しいドアを開けた割合）であり、3歳児は大半の試行で成功しますが、2歳半児では50％に満たない（つまり、偶然の正答確率とかわらない）ことがわかります。エラー分析から、多くの間違いは課題を実施する前に行った準備段階で缶が見つかったドアを開

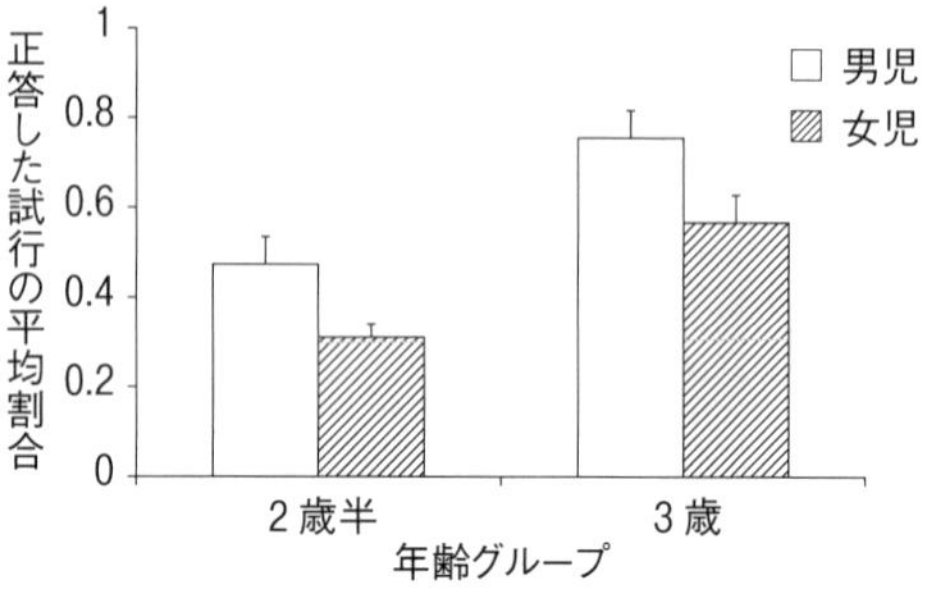

図6-11　探索課題の正答率

（Hood et al., 2003[16]より）

けてしまい、缶が見つかるまで順に隣接するドアを開けていくという行動によるものであることがわかりました。予想外の結果として、女児より男児の方が成績が良いことが示されています。

これらの結果を踏まえると、注視時間を指標とした実験から、子どもは連続性法則の違反に敏感であるけれども、それが探索行動を支えるほど十分なものではないと推測されます。すぐに缶を見つけるためには、どこに缶があるのか予測をすることが必要になります。しかし、注視課題は必ずしも予測を必要としないのではないか、それが2つの指標間の結果の相違を生み出しているのではないかと推測されます。従来、注視課題を用いた乳児研究では、子どもが物理知識をもとに予期を形成する（予測をする）ことを前提にしてきましたが、こうした前提に大きな疑問が投げかけられます。

Hood, B., Cole-Davies, V., & Dias, M. (2003). Looking and search measures of objects knowledge in preschool children. *Developmental Psychology*, *39*, 61-70.

読書案内

旦　直子（２００７）『乳児における重力法則理解の発達』風間書房
乳児が物理世界をどのように理解しているのか、乳児から幼児、大人への理解はどのようにつながっているかを「重力法則理解」に焦点を当てて検討した専門書。この分野に関連する研究や理論、方法論について詳しく整理されており、それらを踏まえたうえで数々の実験研究を積み上げることで新たな知見が提出されています。著者の博士論文を修正して書籍化したものであり、論文のまとめ方の参考にもなります。

今井むつみ・野島久雄・岡田浩之（２０１２）『新　人が学ぶということ――認知学習論からの視点』北樹出版
認知科学の視点からさまざまな分野の学習メカニズムを解説しています。第5章において、物理世界についてのさまざまな素朴概念ないしは素朴理論をとりあげ、科学的概念への変容がいかに困難かを説明したうえで、科学者や子どもの概念変化を可能にする条件について考察しています。

ゴスワミ、U／岩男卓実・上淵寿・古池若葉・富山尚子・中島伸子（訳）（２００３）『子どもの認知発達』新曜社
認知の基本領域である、知覚、学習、記憶、問題解決、概念などをとりあげ、豊富な実証研究を紹介しながら、それらの発達をわかりやすく解説しています。物理世界についての乳児の理解については、第2章を中心に、幼児期以降の理解については第4章を中心に紹介されています。

7章 自分をどう理解しているか

これまでの章では、自分の回りの世界についての乳幼児の理解とその発達をみてきました。本章では、自分自身についての理解とその発達に焦点を当てます。私たちは自分自身の顔や姿、性格、能力などについて何らかの理解を有しています。こうした自己理解は、いつどのようにして可能になるのでしょうか。

1　自己像認知の発達
──子どもはどのようにして自分の見た目（顔や姿）を知るのか？

（1）鏡に映った自己像の認識

【エピソード】

1歳児クラスの保育室にキャスター一つきの縦長の鏡を持参した日のことです。何人かの子どもたちが何だろうという感じで鏡の周りに集まってきました。1歳半のシュウは、まず鏡の正面にきて鏡に映った自分の姿を見ると、すぐさま鏡の裏側に回り込み、グルっと一周。さらに鏡の前にいたケンタを押しのけて、自己像に顔を近づけ「これジュウ！（シュウ）」と自分の名前を叫びます。そして今度は、鏡の周りをクルクル何度も回り始め、時おり小走りになって非常に楽しそうな様子。それを見ていたカナコも鏡のところにやってきて、裏側に回り込むと、そこにいたシュウが鏡の裏面を指さししてカナコになにやら叫びます。カナコが鏡の正面に出てくると、シュウも出てきて、自己像を指さし、カナコの方を見ながら「コエ　ジュウチャン（これ、シュウチャン）」。さらにタケシが鏡のところにやってくると、シュウは再び自己像を指さしして「コエ　ジュウチャン（これ、シュウチャン）」とタケシに呼びかけます。

鏡の前で遊ぶ子どもたちの様子を見るのは面白いものです。シュウの様子から、鏡に映っているのが自分であることにある程度気づいている様子がうかがえます。しかし、鏡の裏面に回り込んでみたり、周りを駆け回るのをとても楽しんでいる彼らは、鏡の中の世界の実在性を多少なりとも信じているのかもしれません。鏡に映っている自分は、ひょっとするともうひとりの自分なのかもしれない、別人が隠れているのかもしれない、などと。また、シュウが鏡の自己像を友だちに指さしして示し、名づけている様子から、それが自己の映り姿であることの不思議さや驚きといった気持ちと無縁ではないことも推測されます。

子どもはいつごろから鏡像を自分の映り姿だとわかるようになるのでしょうか。実は、この問題を調べるためのとても巧妙な実験方法があります。ルイスたち[13]による実験を紹介しましょう。

9ヶ月から24ヶ月の子どもと母親に、大きな鏡のある実験室に来てもらいます。母子を残して実験者は退出し、子どもが鏡の前でどのようにふるまうのかを鏡の背後に設置されたビデオカメラでひそかに録画します。しばらくしてまた実験者が実験室に戻り、母親に布を渡します。実はこの布にはあらかじめ口紅が塗ってあるのですが、母親はこの布で「汚いからきれいにしましょう」などと言いながら子どもの鼻を拭くふりをして、ひそかに鼻の頭に真っ赤な口紅をつけます。再び実験者が出ていった後で、鏡の前での子どもの行動を記録します。ここで重要なのは、自己

の鏡像を見たときに鼻を触る行動をどの程度示すかということです。口紅のついているときには鼻を触るというふるまいが増えるならば、鏡像を自分の映り姿だと認識している可能性は高いといっていいでしょう。

こうした実験方法はマークテスト（あるいはルージュテスト）と呼ばれ、鏡像を自分の映り姿だと認識していることを意味する重要な指標として30年以上にわたって心理学で使用されてきました。さて、このマークテストに通過するのはいつごろなのでしょうか。

図7-1のグラフは、ルイスたちの実験[13]において、口紅をつけずに鏡を見たときには鼻に触らないが、口紅をつけて鏡を見たときには鼻を触る行動を示した子どもの割合です。口紅なし場面で鼻に触るふるまいをした子どもはわずかで、21ヶ月、24ヶ月児でそれぞれ7％にすぎませんでした。この結果から、

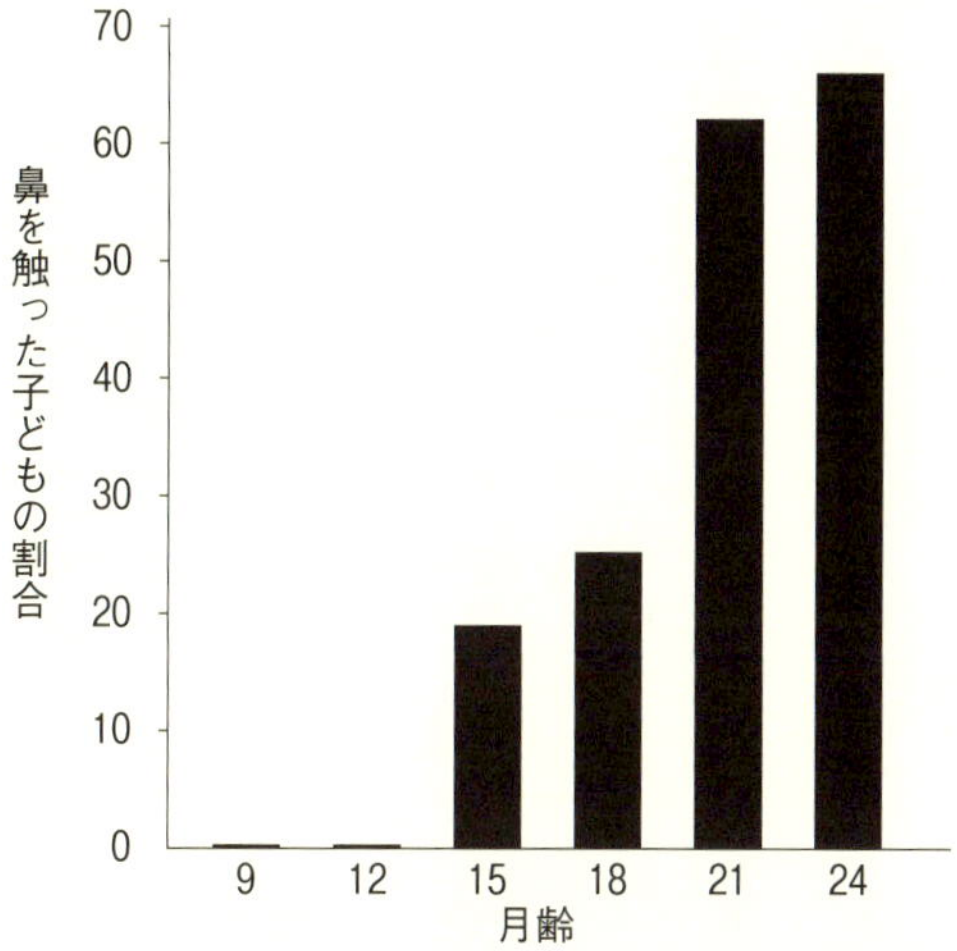

図7-1　マークテストにおいて鼻を触った子どもの割合

（Lewis & Brooks-Gun, 1979[13]より）

鏡像を自分の姿であることを認識するようになるのは生後1歳半くらいからであり、2歳を迎えるころには多くの子どもが認識するようになるといえるでしょう。

ちなみに、後述のエピソードには、自然状況で偶然生じた「マークテスト」が含まれています。3歳児のヒカリは、鏡を見て自分の顔についた泥をぬぐう行動を示しましたが、ここから彼女が鏡像を自分の姿として認識していることがわかります。このマークテストは、もともとチンパンジーの自己認識を調べるためにギャラップ[7]が考案した方法ですが、チンパンジーも自己鏡像を前にしてマークの箇所を触るふるまいを見せることがわかっています。

筆者も卒業研究でマークテストの追試を試みた経験があります。しかし残念ながら大半が失敗に終わってしまいました。多くの子どもは実験室として準備した保育室に入るのをいやがり、泣き出したり、おびえたり、実験そのものが成り立たなかったのです。ルイスたちの実験のように、養育者がそばにいることが成功のカギなのかもしれません。1、2歳の子どもが身近にいる方は、ぜひご家庭で試みてください。

それではマークテストに通過できるようになる前、子どもたちは鏡の前でどのようなふるまいを見せるのでしょうか。生後3ヶ月から2歳までの子どもを観察したアムステルダム[1]によると、1歳くらいまでの子どもでは鏡像に対して笑いかけたり、頬ずりするなど、まるで他者とみなしているかのような行動を示します。1歳を過ぎると、鏡の後ろに回り込むなどして、鏡像の性質を調べる行動の増加がみられます。冒頭のエピソードに登場するシュウは1歳半であり、筆者の実施したマークテストには通過していましたが、それでも時おり、これに類する行動がみられていました。長い期間を経て、そして、揺れ動きながら、マークテストに通過するようになるのでしょう。

しかし不思議なことに、マークテスト通過後の子どもでも、過去の自己像――つまり写真や録画ビデオに映った自己像――を自分だと認識できないことは少なくありません。[4] このことは鏡像を自分の映り姿だと認識できたからといって、顔や姿の詳細を理解しているわけではないことを示すものです。また、鏡の自己像認知が写真や録画ビデオより早くできるのは、自分が身体を動かすと鏡像も同期して動くという時間的同時性が大きな助けになるからだと考えられます。

主に鏡を通して知ることになる自己の視覚的特徴を手がかりにして、写真や録画ビデオに映し出された過去の自己像を識別できるようになる、という発達の道筋があると推測されます。

(2) ビデオに映った自己像の理解

3歳にもなると、写真や録画ビデオに映し出された過去の自己像を「自分」と識別できます。しかし、そこに映っている自分を現在の自分と結びつけることはそれほど簡単ではないようです。

【エピソード】

保育園のアートイベントでのこと。プロのダンサーと園の子どもたちがどろどろの田んぼでダンスパフォーマンス。子どもたちはおおはしゃぎだったのですが、全身泥まみれ。筆者がその様子をビデオ撮影していると、4歳のフクが友だちを連れてきて皆でピースサイン。帰宅前に何とか体の泥はシャワーで落としたものの、顔にまでは手が回りませんでした。

帰りの車中で、4歳のフクと3歳のヒカリと一緒に、撮影したばかりのビデオを視聴。2人ともピースサインをして映っていますが、顔に泥が飛び散る様が映っており、大笑いです。しかしビデオ視聴時の2人の様子は違っていました。4歳のフクはすぐに顔をごしごしだし、洗いに行くと

いって聞きません。途中、コンビニのトイレに寄る羽目になってしまいました。それに対して、3歳のヒカリは「ヒカリちゃんがうつっている！　お顔に泥がついてるよ！」と愉快そうに繰り返しビデオを見るばかりで、自分の顔にまだ泥が残っていることには思い至らない様子なのです。筆者が、「ヒカリちゃんのお顔にも泥がついているよ」というと、やっと鏡を確認し、あわてて顔をぬぐい、洗いたいと言い出しました。しかしすでに車はコンビニを離れた後。家まで我慢してもらうことになりました。

私たち大人は、自分の映った写真や録画ビデオを見て、ダイエットをしようと決意したり、美容院に行かねばと思い至ることがあります。これは私たち大人が過去の自己像と現在の自分を結びつけ、さらに未来の自分にも関連づけて考えているからでしょう。言い換えると、過去、現在、未来へと続く時間的に連続した存在として自分をとらえているから、ということになります。

冒頭のヒカリのエピソードは、3歳児ではそれが難しいことを示す良い例でしょう。ヒカリは、鏡映像を今の自分の姿を映したものだと感じ、録画ビデオ映像には自分が映っていると認識していることは確かなようです。しかし、ビデオに映った数十分前の自己像と今の自分とを結びつけて考えることがまだ難しいのです。そのため、録画映像を見るだけでは「顔を洗いに行かねば」とは思い至らなかったのです。一方、4歳のフクはどちらもすでにできる段階にあります。

このエピソードと類似の状況を作り出し、3歳児と4歳児の相違を見事に示したポヴィネリたちによる実験を実験コラムで詳しく紹介しました。[24] この実験では、3歳児は3分前の自分の映像を今の自分と結びつけることができないことが示されています。

それでは、なぜ3、4歳の間でこのような違いがみられるのでしょうか。この実験を実施したポヴィネリたち[24]によると、録画ビデオでのマークテストに通過するためには、「今、ここ」の自己イメージ（present self）をもつだけでなく、過去・現在、未来と時間的には変化するものの永続している自己という感覚（proper self）をもつことが必要だといいます。これは、4歳を過ぎるころにようやく獲得されるのです。

（旦・宮崎・開，2007[5]を参考に作画）

（3）数秒遅れの自己像の理解

それでは3歳児は、どの程度の映像の遅れであれば、今の自分と映像を結びつけることができるのでしょうか。言い換えると、今の自分だと解釈できる過去の範囲はどの程度のものなのでしょうか。この問題を検討した研究[17]を紹介しましょう。

まず実験者は、子どもと「ステッカー探し課題」というゲームをします。このとき、子どもに気づかれないように額にステッカーを貼ります。ここまでは、鏡でのマークテストと類似の手続きです。しかしその後の手続きが違い、鏡ではなく2秒遅れの自己映像を見せるのです。2秒遅れの自己映像は、腕を振り上げて下ろしたころに、鏡の中の自分の腕がようやく上がり出すという感じで[20]、大人が体験しても奇妙な感覚をもつものだといいます[11][20]。この2秒遅

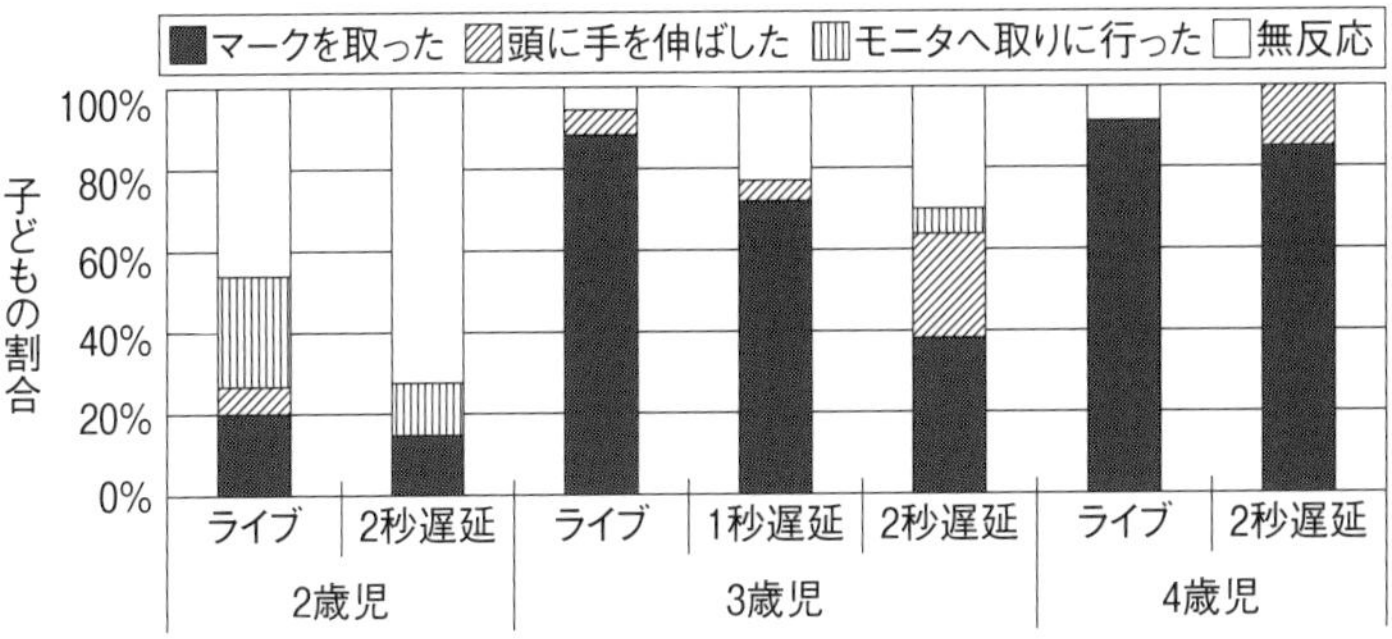

図7－2　2秒遅れの自己映像を見たときのステッカーに対する2～4歳児の反応（旦ほか，2007[5]より）

れの自己映像を見て、額に貼られたステッカーをとることができるかをテストするわけです。実験の様子をイラストに示しました。2秒遅れの自己映像を見たほとんどの子どもは、そこに映っているのは自分だと答えます。しかし、2歳児はもちろんのこと、3歳児でさえ、大半がステッカーをとることができないというのです（**図7－2**）。鏡のマークテストはすでにできる年齢なのに、2秒遅れの映像ではできないというわけです。

しかし興味深いことに、映像の遅れを1秒に変えると、3歳児はステッカーをとることができるようになります（**図7－2**）。どうやら3歳くらいまでの子どもにとって1秒以内の遅れであれば、自己映像と今の自分を結びつけられるようなのです。言い換えると3歳以下の子どもにとって、今の自分だと解釈できる時間範囲は「1秒」くらいまでであり、たった「2秒」のズレがあると、途端に混乱してしまうようです。以下に、印象的な3歳男児の事例[16]を紹介しましょう。

「2秒遅れの映像を見せられるとすぐに『あ、○○（男の子の名前）だ。ミッキー（のシール）が（頭に）ついてる！』とシールが前髪の上に貼られていることに気づいた。シールをとろうと頭に手を伸ばしかけるが、映像は2秒遅れ。なんだか変なことに気づいて顔をゆがめたり手を動かしてみたり。その後、『（おでこを指し）ねぇ、ここ変なだよ。変なやつ。あれ、お友だちかな？』と言った。」

それではなぜ「1秒」だとステッカーをとることができるのでしょうか。これには生後間もなくからの養育者と乳児との相互作用のタイミングが関係しているとの、興味深い推測がなされています[19]。生まれて数ヶ月のころから、乳児は養育者とまるで会話するかのようなやりとりを交わすことができます。そこでは互いの表情や発声を真似しあうことが観察されますが、双方の働きかけに対する返答の多くは1秒以内におさまるといいます。つまり、乳児は発達初期のころから、自分の働きかけがわずかに「遅れて」養育者に再現される経験を積んできているのです。このことが、1秒遅延の自己映像に対する感応性の高さの由来なのではないかというのです。

（4）ライブビデオによる自己像の理解

以上みてきたように、自分の身体の動きと自己像の時間的ズレの程度が2、3歳児のマークテスト通過を左右する重要な要因であるようです。もしこれだけが重要な要因であるならば、鏡と同様に時間的ズレがまったくないライブビデオ映像を利用してマークテストを実施すれば、鏡の場合と同様の結果が得られるはずです。しかし**図7-2**を見るとわかるように、鏡だとできる2歳児が、ライブビデオだとほとんどできなくなるのです。これはなぜなのでしょうか。

鏡とライブビデオ映像は、時間的同時性という点では同じですが、「鏡映し（左右反転しない）」か否か、像をみたときに視線が合うか否かという空間的特性が異なります。これまでのところ、前者がマークテストのパフォーマンスを左右するようで、ライブビデオ映像を「鏡写し」に変換すると、2歳前半時はマークテストに通過しやすくなることが示されています[18]。

子どもの日常生活を考えると、ライブビデオを見るよりも鏡を見る経験の方が圧倒的に多いでしょう。だから「鏡写し」に対する親和性が高いのかというと、そうではなく、むしろ「鏡写し」バイアスが生得的だとの指摘もなされています[19]。2節でもとりあげますが、鏡を見る経験が非常に浅い生後3ヶ月児において、自己の身体部位とその映像の対応づけが「鏡写し」だとなされやすいという知見があり[28]、この指摘に一致しています。

（5）他者経験と自己像認知

以上を踏まえると、鏡にはそこに映っているのが「今、ここ」の自分であると判断することを容易にする時間的、空間的条件があらかじめそろっているといえるでしょう。しかし「今、ここ」の自己像認知が成立するためには、鏡を見る経験だけでは十分ではなく、他者とのかかわりも不可欠な基盤であることが、チンパンジーの実験から示唆されます。仲間とともに育ったチンパンジーはマークテストに通過しますが、仲間の様子は見えるけれども身体接触のできない部屋に隔離されて育てられたチンパンジーでは通過できなかったと報告されています。[9]すなわち、鏡のマークテストに通過するうえで、他者との身体的な接触をともなう経験が不可欠であるらしいのです。おそらく身体を介した他者とのやりとりを通して、自己身体の実在性の感覚とでもいうべきものを高める経験が重要なのでしょう。

2 乳児にみる自己理解の発生基盤 ―― 鏡の中の自分に気づく前

(1) 自己の身体と外界の区別

前節でみてきたように、鏡に映った自己像を自分だと認識し始めるのは1歳半くらいからです。これを自己理解の起源と考えてよいのでしょうか。近年の乳児研究から、実はもっと早期にその起源があることがうかがえます。

【エピソード】

乳児に母乳を与えようとしている母親を観察すると、自分の乳首をちょんちょんと乳児の頬や口のあたりに接触させていることがよくあります。すると乳児は乳首の方に顔や口を向け吸い付きます。実はこうした乳児の行動は、生後直後から見られます。生まれた直後の乳児の口の横にそっと指を当ててみてください。乳児はすぐさま指の方向に口をゆがませて吸い付こうとするでしょう。（写真参照）これは、母乳にありつくためにもって生まれる大切な行動様式です。この行動をよく観察す

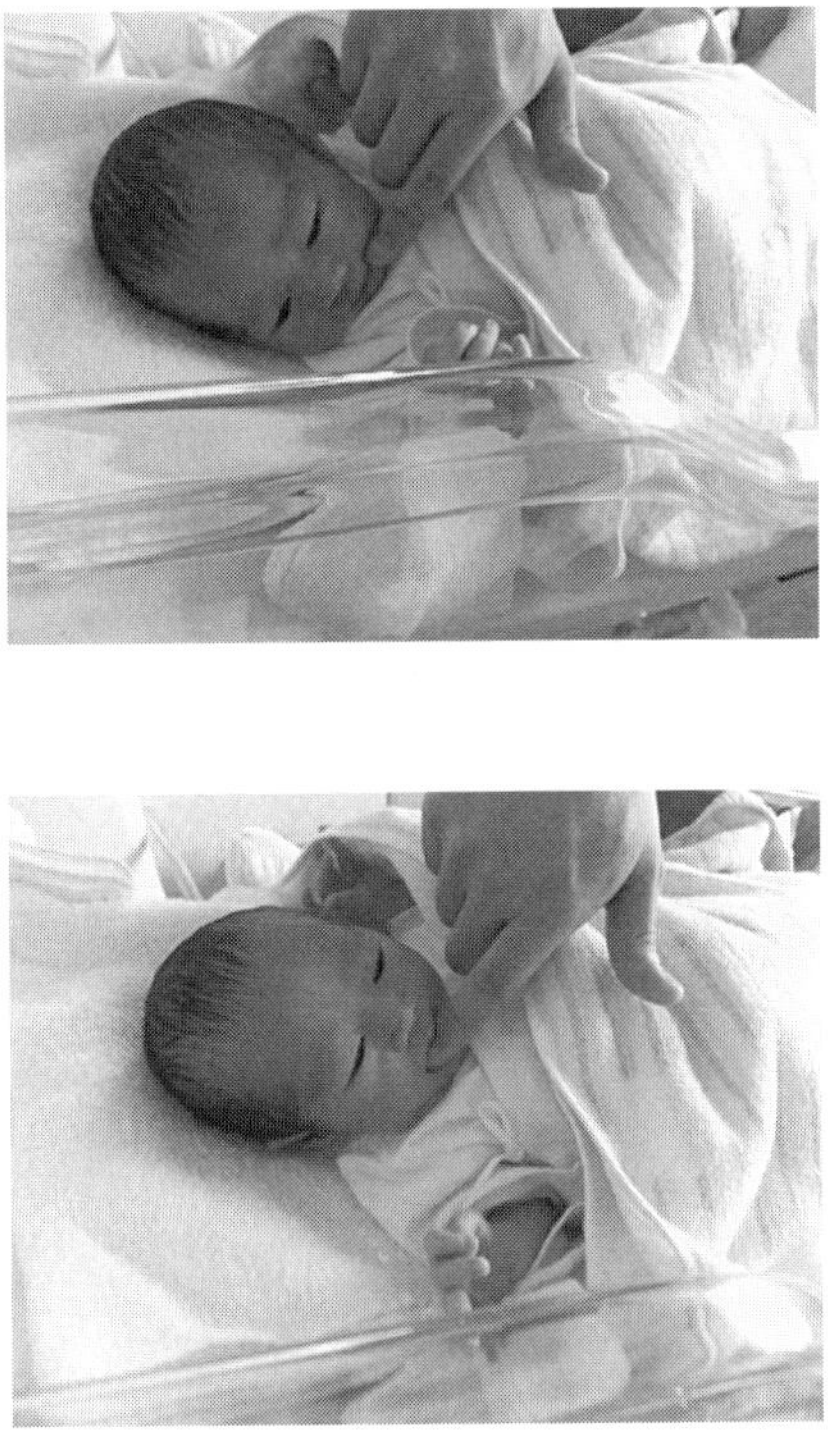

ルーティング反応（生後２日目男児）

ることで、乳児の自己のありようを知ることができるというのです。

この乳首を探す行動はルーティング反応と呼ばれ、新生児期（生後1ヶ月くらいまで）のどの乳児にも見られるものです。ロシャたち[27]は、このルーティング反応について、他者のではなく乳児自身の指が口の横に当たったときはどうなるだろうかと考えました。そこで、生後24時間以内の乳児を対象に、乳児自身の指で口角に触れさせた場合と、他者の指で触れた場合とでルーティング反応の頻度に違いがあるかを比較したのです。その結果、他者の指で触れられた場合は自分の指で触れる場合より、3倍も多くルーティング反応を示したのでした。すなわち、生まれた時点ですでに、自分の身体による刺激と外界からの刺激を区別できるのです。今現在、生まれたての乳児を育児中の親御さんたちは、ぜひ試してみてください。

それでは乳児は、何に基づいて自分の身体とそれ以外を区別しているのでしょうか。ここで皆さんにも自分の手で自分の頬を触れてみてほしいと思います。このときの接触感覚は2つであり（ダブルタッチ）、顔が手を感じるとともに、手も顔を感じる、というものです。一方、他者の指で触れられた場合は接触の感覚は頬に感じるだけです（シングルタッチ）。乳児は、こうした感覚の違いをもとに、自分の身体とその他を区別できると推測されています[25]。

ピアジェをはじめ、過去の研究者たちは、生まれたての乳児は混沌とした世界に住んでおり、自分と環境とを区別していないと考えていました。しかしそうではなく、生まれてすぐから乳児は自分の身体を周りの環境から区別し、「自分の身体の感覚に基づいた自己」ともいうべきものをもっているのです。

（2）身体探索と随伴性検出

しばらくすると乳児は、盛んに自分の手をなめたり、手足を触ったりという行動を頻繁に示すようになります。こうした自己志向的行動を繰り返すことで、自己の身体と環境の区別がより鮮明になっていくのだと考えられます。

生後2ヶ月ころになると、乳児は、積極的に自己の身体を探索する行動を示します。たとえばこのころの乳児は、手を握ったまま腕をぐっと前に突き出して、それを比較的長い時間興味深そうに見つめるそぶりを見せることがあります。これはハンドリガードと呼ばれる現象です。自己の身体を積極的に動かすことで、自己の身体が動く感覚と、そのときの身体の見え方の関連性を探索しているかのようです。こうした探索によって、目の前に見えている手が、同時に自分で動かしている手でもあることに気づくのでしょう。

「クー」「アー」などクーイングと呼ばれる短い発声をし、それを繰り返して楽しんでいるそぶりを頻繁に見せるようになるのもこのころです。クーイングを繰り返すことで、自分が発声するときの咽や口の感覚と、聴覚を通して聞こえてくる音を関連づけているのでしょう。これによっ

ハンドリガードの様子

て自分の声の特徴を知るようになると考えられます。

このような身体の探索——そこでは自己の身体の一部を動かすことを通して、それが同時にもたらす複数の感覚を結びける活動がなされているようです——を通して、乳児は、自分の身体はどのような特徴をもつかについての知識を、少しずつ獲得していくのではないかと考えられます。

実際、乳児は早くから、自分の身体をどう動かせば、身体がどう見えるかについての知識を獲得しつつあることが実証されています。乳児はよく足をバタバタと動かしますが、これを利用した巧妙な実験を紹介しましょう[28][25][21]。この実験では、3〜5ヶ月の乳児にテレビモニターに映し出された2つの映像を並べて見せました（**図7-3**）。1つは、乳児自身からの眺めと一致した映像。もう1つはそれとは異なる眺め（たとえば他者からの眺めや、左右の足を反転させ合成した眺め、鏡写しの眺めなど）でした。すると3ヶ月の乳児でさえ、自分からの眺めよりも、そ

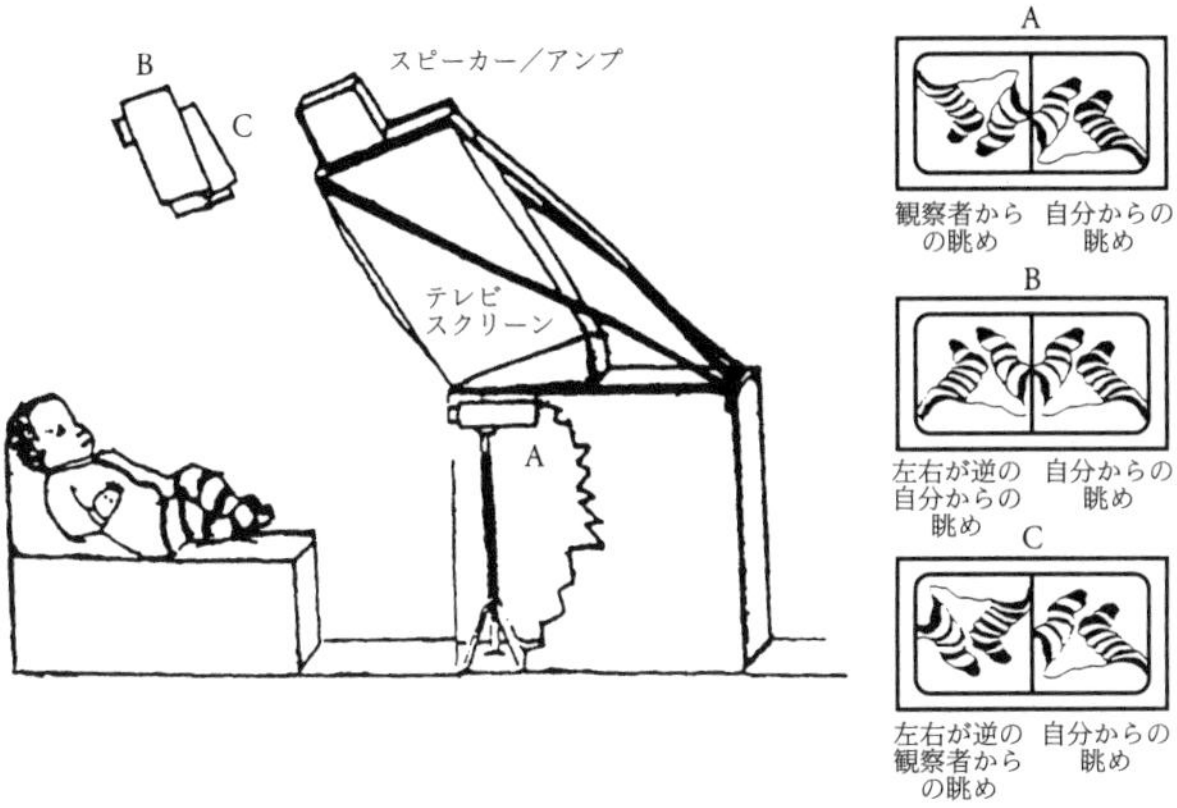

図7－3　足ばたばた実験の様子（ロシャ，2004[26]より）

乳児は大きなテレビスクリーンに向かっており、そのスクリーンにはさまざまな視点から撮って空間配置を変えた、2つの異なる自分の足の眺めがオンラインで映っていた。スクリーンに向かっている間、乳児がどちらの画面をよく見るかとキックのパターンを記録した。

うでない眺めの方（ただし鏡写しの眺めはのぞく）を長く見つめたというのです。

この実験は、1章で紹介した視覚的選好法を使用したものです。私たち大人は思いもよらない事態が生じたときに驚いて、そちらの方をしばらく見つめることがあります。これは乳児も同じで、思いもよらない事態を長く見る傾向をもつのです。こうしたことを踏まえると、乳児自身からの眺めと一致しない眺めは、乳児が普段自分が足を動かしたり、足を直接見たりするときに経験するものとは違っているため、乳児の興味を引いたのだろうと解釈できます。すなわち、3ヶ月の乳児は自分の身体をどのように動かせば、どう見えるのかについての知識を獲得しつつあると考えられるのです。興味深いことに、乳児はおかしな眺めを見ているときには、より積極的に足を動かし、まるで自分の足を動かす感覚と、見えの対応関係を探索しているかのようだといいます。

鏡像認知が成立する前の乳児は、自己の見た目についてのはっきりした知識はもっていないかもしれません。しかし、この節でみてきたように、外界に対しての自己という、あるまとまりをもった存在としての自己は生まれたときからすでにあり、自分の身体を探索することによって自己に対する知識が蓄積されていくようです。この過程を支えているのが、同時に変化する複数の感覚を見つけ出す能力——随伴性の検出能力——です。この随伴性検出能力が生後すぐから働き、自己理解の発達のうえでも大変重要な働きをするといえます。

3 幼児期の自己概念

自分の性格や能力、身体的特徴などに関する、比較的永続的な自分についての考えのことを自己概念といいます。自己概念は、人の行動や認知に大きな影響を及ぼします。幼児期の自己概念は客観的とは言い難く、非現実的な点も多々あります。しかしながら、それによってむしろ子どものさまざまな側面での発達が支えられるとの指摘もあります。この節ではそうした幼児期の自己理解の特徴を見ていきましょう。

（1）現在の自己についての概念

【エピソード】

「僕、3歳、大きな家に住んでるんだ。お母さんやお父さん、お兄ちゃんのジェイソン、そしてお姉ちゃんのリサも一緒だよ。僕の目はブルー、オレンジ色のネコを飼ってる。僕の部屋にはテレビもあるんだ。ABCは全部知ってるよ。聞いてくれる？　A-B-C-D-E-F-G-H-J-L-K-O-M-P-Q-X-Z！かけっこも速いんだ。ピザが好きで、幼稚園の先生もとっても素敵。数も10まで数えられるんだ。聞きたい？　イヌのスキッパーも大好き。僕、ジャングルジムの天辺まで登れるんだよ――怖くなんかないぞ！　全然怖くない！　いつもハッピー。僕は本当に強いんだ。この椅子だって持ち上げられるんだぞ、ほら見て。」

上記のエピソードは、自己意識の発達を研究するハーター[8]が自身の研究をもとに、3、4歳児が自分をどのように見ているか——自己概念——の合成図としてまとめたもの（ハーシュ＝パセック他[10]が引用）です。筆者が調査のために保育園を訪れると、こんな調子で自分のことを熱く語ったり、特技を披露してくれる3、4歳児に出会うことは少なくありません。

この事例にみられるように、一般に、このころの子どもたちの自己概念の内容はどちらかというと、持ち物、名前、身体的特徴などの客観的・外面的特徴が中心といわれます。その後、より主観的、内面的な特徴による自己概念へと移行します。次に以下の事例を見てください。

「私、とっても人気があるの。少なくとも女の子たちには。それは私が人に親切にして、助けてあげるからよ。秘密だって守れるし。だいたい、友だちには親切にしてるわ。だけど、ときどき機嫌の悪いときは、ちょっとだけ意地悪なことを言ったりもするけどね…学校では、国語や社会といった科目では、自分がとっても賢いように思えるけど、算数や理科ではまったくの能なしに感じる。特に他の多くの子が調子よくやっているのを見るとそう思うわ。でも、そうした科目がうまくできなくても、自分のことは人間として好き。だって、算数や理科は私にとってさして重要ではないもの。人にどう見られているかや、どれだけ人気があるかの方が大切なの。」

これはセリグマンたち[31]が典型的な8歳児の発言として紹介しているものです（ハーシュ＝パ

など、内面特性への言及が目立ちます。

セック他[10]が引用)。「親切」や「意地悪」といった性格特性、「賢い」「能なし」といった知的能力など、内面特性への言及が目立ちます。

さらに、幼児と比べると自分の良い面ばかりでなく、否定的な面もバランスよくとらえ、「だいたい、友だちには親切にしてるわ。だけど、ときどき機嫌の悪いときは、ちょっとだけ意地悪なことを言ったりもする」「算数や理科については能なしだけど、自分のことは好き」という具合に、複数の観点から自分を評価できることがわかるでしょう。これと対照的に幼児期の子どもは自信に充ちあふれていて、自分は何でもできると思っていることが多いものです。

上述のような発達的変化がみられることは、幼児(5歳児)と児童(小2と小4)を対象とした個別面接調査でも確かめられています。[30]「〜ちゃんは自分のどんなところが好き(嫌い)?」「〜ちゃんのいいところ(悪いところ)はどこ?」といった質問をすると、幼児は身体の一部や、持ち物、行動といった他者からでも見える具体的特徴を答えるのが中心であったのに対し、児童期になると人格特性が答えの多くを占めるようになります。また、幼児は好きなところは多々あげるのに、嫌いなところや悪いところは「ない」と答えることが多かったのに対して、児童期になると否定的側面を答えることが増加するようです。

（2）将来の自己についての概念

前項でみたように、幼児は現在の自己を肯定的にとらえる傾向が強いようです。しかしそれだけでなく、将来の自己についても肯定的です。幼児と接していると、自分が将来どのようになるのかという自己の時間的変化について非常に楽天的な見方をすると感じさせられることがよくあります。たとえば、今はクラスで一番運動が苦手だとわかっていても、将来、第二のイチローや浅田真央になれると本気で信じていたりすることがあります。

ロックハートたち[15][22]は、日米の幼児、児童、大学生を対象に、望ましくない特性（背が低い、意地悪など）をもつ子どもの主人公が出てくる話をいくつか聞かせ、その主人公が大人や老人

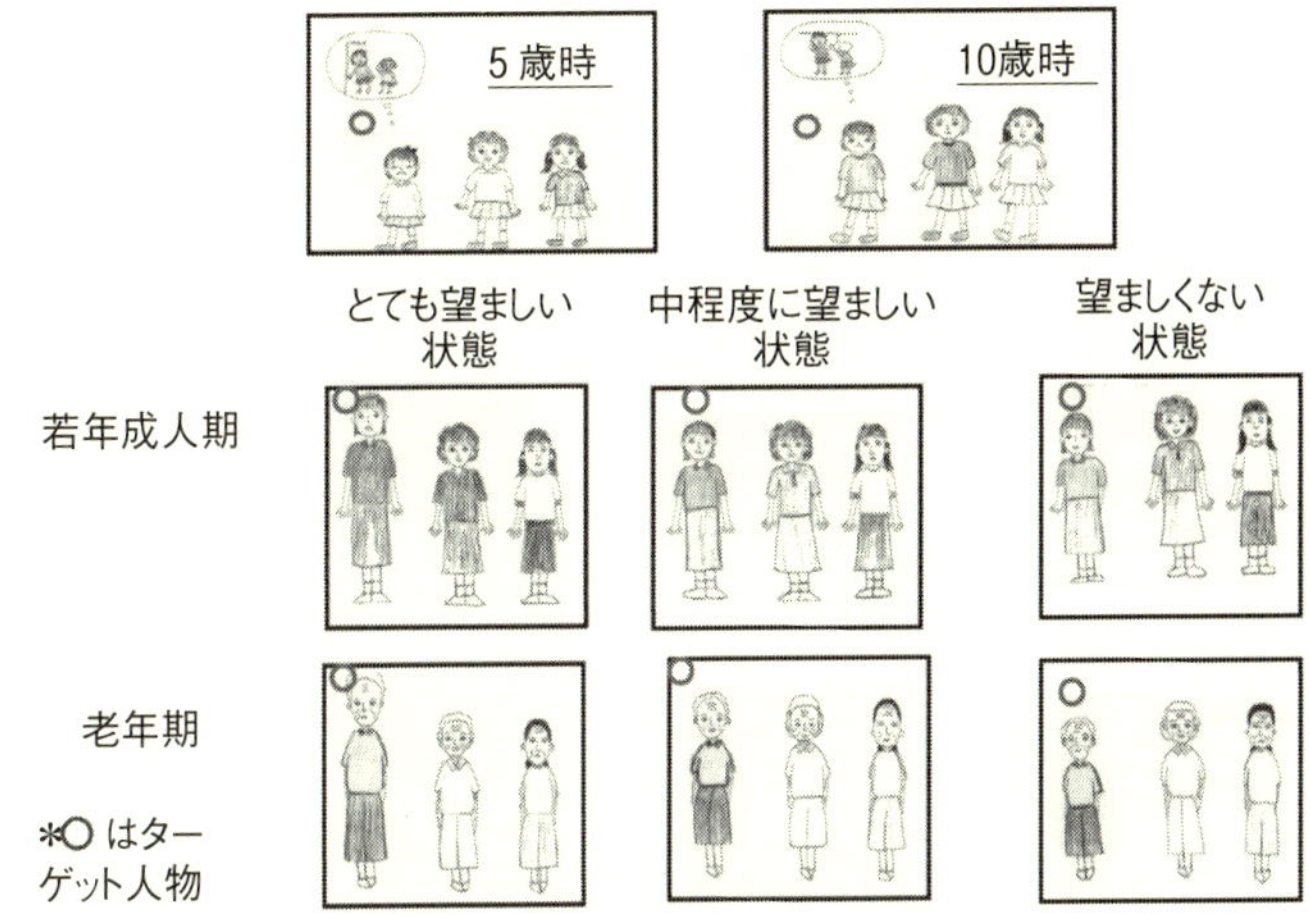

図7－4　望ましくない特性（背が低い）の時間的変遷についての質問の際に利用した図版（Lockhart et al., 2008[15]で使用した図版）

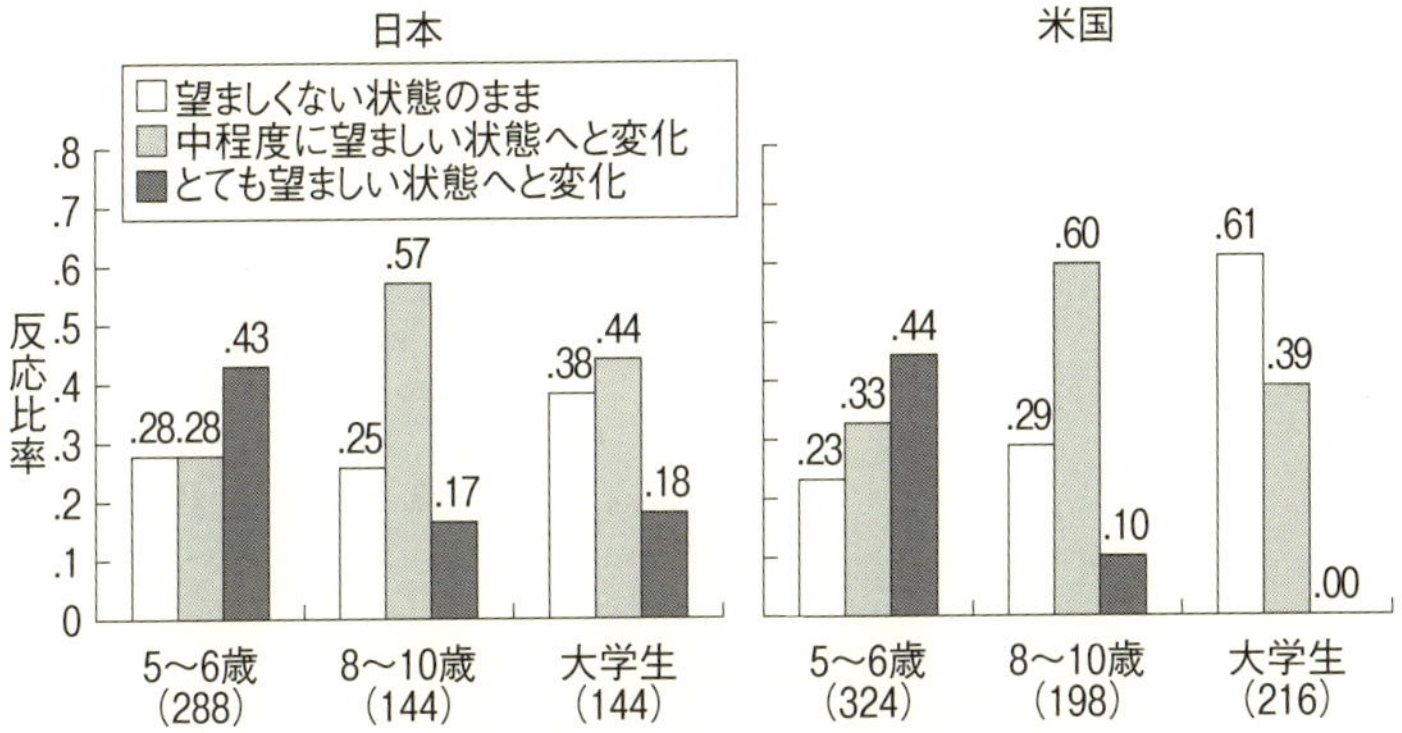

図7－5　日米における望ましくない特性の変容可能性についての信念
——若年成人期についての質問に対する反応比率
（Lockhart et al., 2008[15]のデータをもとに作成）

になるとどうなるかを**図7-4**のような図版を用いながら尋ねました。**図7-5**からわかるように、日米の幼児ともに、小学生や大学生と比べると、望ましくない特性が望ましい方向に変化すると考える傾向がとても強いといえます。たとえばクラスで一番背が低い子どもも、大人になると同年代中で一番背が高くなると考えるのです。

その上、幼児はこうした変化について、特に努力や練習をすることなく、年月の経過とともに自然に生じるものと考えている節があります。こうした幼児の楽天傾向は「素朴楽天主義」[23]と呼ばれ、文化の違いを超えてみられる可能性が高いと考えています。一方、児童期になると努力や練習さえすれば望ましい特性へと少しは変化させられるという、「努力依存の楽天主義」[23]へと移行するようです。こうした移行には、さまざまな側面での認知発達が進むという認知的要因の他に、小学校教育の開始による環境変化（教科教育やその評価の開始、教師や親の子どもに対するかかわり方の変化など）も関与すると推測されます。ちなみに大学生においては日米で大きな差がみられ、日本人の方が楽天傾向が強いことが示されました。努力についての考え方の違いがこのような相違をもたらしたのだろうと考えられています。

重要なことは、この幼児の楽天的傾向は、他者に対してよりも自己に対してより強く表れることです[6]。つまり幼児は一般的に「より良い方向に変遷するものとしての私」という、将来の自己について楽天的なイメージを強くもつと考えられるのです。

この節でみてきたように、幼児は自己の現在だけでなく、将来についても非常に楽天的にとらえています。こうした幼児の楽天性は、社会的比較能力（他者と自分を比較する能力）の欠如[29]やメタ認知能力（自分の認知過程についての知識。自分の認知過程を監視、評価、制御する能力）の欠如[32]など、さまざまな認知発達上の制約に由来するものでしょう。また自分の能力を過大評価することには危険がともなうこともあります。しかし以下で述べるように、幼児の発達を支える重要な機能をもつとも考えられています。

ロックハートたち[14]は、幼児の楽天主義について「自己防御的（self protective）」な機能をもつという考えを提案しています。できないことや失敗することの多い幼児期において、楽天主義は失敗による無力感やあきらめから幼児を防御する役割を果たすのではないかというのです。

このことを、筆者なりにわかりやすく説明してみましょう。子どもは「あらゆる領域における初心者」といえます。そう、子ども時代は、いろいろなことが独力ではできません。さらに、できるようになるまでには、それなりの時間と労力がかかる場合が多いものです。また幼児期は、家庭から園、園から小学校という大きな環境移行を経験し、そこでの困難を乗り越えることを求められる時期でもあります。直面する困難に対して、幾度となくトライしても克服できないときも少なくないでしょう。大人であれば「自分はダメ人間かもしれない」「今後できるようにはならないだろう」と気落ちしたり、あきらめを感じるような事態でしょう。けれども、大方の子どもたちはこうした深刻な事態に陥ることはほとんどありません。何かができなくて悔しい思いをしても、しばらくすると嬉々としてさまざまな物事や人と積極的にかかわり、新しいことへチャレンジしながら、結果的にさまざまなことを学んでいくのです。

こうしたことを可能にするのが、幼児の楽天主義だといえるでしょう。そもそも幼児では自分の「できる」に注目する傾向が強いとはいえ、失敗が続くことも多く、「できない」自分を認識せざるをえない状況も少なくないでしょう。失敗したからといって、大人と同じようにいちいち落ち込んでいたのでは、幼児期にふさわしい学びのあり方――好奇心・探究心を発揮しながら人や物事と能動的にかかわること――は難しくなってきますし、環境移行を乗り越えることも難しくなるでしょう。

楽天主義研究から得られる教育・育児上の示唆は何でしょうか。幼児期の楽天主義は経験や環境に左右されるというよりも、もともと子どもに備わっており、失敗や困難のダメージから子どもを防御する機能を果たしていると考えられます。ここからまずいえることは、幼児の失敗や困難を恐れる必要はあまりないということです。子育て環境の変化や少子化により、育児に慎重になりがちな昨今です。子どもに失敗をさせないようにあらかじめ手を回すという先回り育児が加速化し、それが子どもの成長の機会を奪うのではないかとの危惧もあります[12]。こうした時代だからこそ、子どもの成長過程は、少々の失敗に対して堅牢であり、失敗経験によってむしろ成長しうるという認識をもちたいものです。

おわりに

身の回りの世界だけでなく、自分自身についての理解についても、以前考えられていたよりもはるか早期、生後すぐからその起源がみられることが明らかになってきました。幼児期になると、自分自身の特徴についてより明確な意識をもつようになりますが、年長者や大人と比較すると自己理解に非現実的な点があることは否めません。しかしながら、こうした自己理解の未熟さが子どもの発達を多いに助ける可能性があることも、わかっていただけたのではないでしょうか。発達における未熟さの効用とでもいうべき興味深い現象は、自己理解に限らずさまざまな発達現象において指摘されているのです（たとえば、Biorklund[2]; Biorklund & Green[3]。また1章で紹介した生理的早産は養育の効果を拡大したともいわれています）。

〈実験紹介〉 3分前の自分の映像と、今ここで感じている自分との結びつき

【目的】
幼児は少し前の自分の映像と、今ここで感じている自分との結びつきをどの程度理解しているかを検討することが目的です。そのために、ポヴィネリたちは、3分前の自分の録画ビデオ映像を使

用したマークテストを実施しました。2歳児は鏡を使用した通常のマークテストに通過することが知られています。しかし、これは現在の自己イメージと今ここに感じている自分の関連性を認識する能力を示しているだけであり、過去、現在、未来という時間軸に沿って分化した自己概念をもつわけではないかもしれません。この仮説が正しければ、2歳児は、自分の頭にこっそりシールをつけられている3分前の映像を見ても、シールに手を伸ばしたり、はがそうとはしないと予測されます。

【方法】

（対象者）2歳児10名（平均年齢2歳4ヶ月）、3歳児16名（平均年齢3歳3ヶ月）、4歳児16名（平均年齢4歳3ヶ月）。

（手続き）シール探しゲームをするという名目で子どもを実験室に誘います。ゲーム開始前に、ビデオカメラがあることをはっきりと子どもに示し、彼らの様子を撮影していること、ゲーム終了後に録画映像を視聴することを子どもに告げます。その映像がいつのものかがわかりやすいように、撮影中にある工夫がなされました。実験者が子どもに好きな動物を尋ね、その動物のものまねをカメラに顔を向けて実施したのです。子どもには数分後にその様子をテレビで見ることになると告げておきます。その後、ゲームを始めるわけですが、その最中にゲームが上手にできたことをほめるために、子どもの頭をなでるふりをしながら気づかれないように頭にシールを貼ります。その際、しっかりその様子が録画されるようにしておきます。このような手続きの3分後に、その録画映像を見せ、子どもがシールをはがそうと手を伸ばすかどうかを調べます。

【結果と考察】

録画映像を見るまでに、シールが頭に貼られていることに気づいた子どもは、42名の対象者には含まれていません。映像を見た後に、シールに手を伸ばした者は2歳児では皆無、3歳児では25%、4歳児では75%であり、4歳にならないと、この課題ができないことが示されました。この結果は、4歳より下の子どもは、過去の自分の映像が現在の自分の状態について、何らかの情報を与えることを理解することが難しいことを示しています。

Povinelli, D. J., Landau, K. R., & Perilloux, H. K.（1996）. Self-recognition in young children using delayed versus live feedback : Evidence of a developmental asynchrony. *Child Developmen*, *67*, 1540-1554.

読書案内

板倉昭二（2006）『「私」はいつ生まれるか』ちくま新書

自己意識はいつ、どのようにして生まれるのか、個体発生的・系統発生的起源についてわかりやすく論考した書。自己の出現には他者の心との出会いが密接に関連しており、双方は表裏一体的に発達するとの主張がなされています。

仲真紀子（編）（2008）『自己心理学4　認知心理学へのアプローチ』金子書房

自己にかかわる認知心理学的研究を幅広くまとめたものです。自己意識の発生やその特徴にかかわる研究、自伝的記憶の研究、目撃証言研究という最近の自己研究の発展を支える3つの柱に沿って、さまざまな論文が掲載されています。

開一夫・長谷川寿一（編）（2009）『ソーシャルブレインズ――自己と他者を認知する脳』東京大学出版会

ソーシャルブレインとは社会認知にかかわる脳内領域を指しますが、本書では自己と他者の認知に焦点を当て、これらについて、比較認知科学、発達心理学、脳科学、ロボット工学などさまざまなアプローチによる複数の研究が掲載されています。

あとがき

実験という窓から、私たちは乳幼児の心の何を見ることができるのでしょう。実験は観察法など他の研究法と比べ、どのような特徴をもっているのでしょう。これらの問いを意識しながら、本書では乳幼児期の認知発達をとりあげました。

心理学でも近年は、脳科学（神経科学）が大きな注目を集めています。アメリカでは、脳科学の手法を用いないと、研究費を獲得しにくい状況になっているとも聞きます。そのうち心理学者の仕事はなくなってしまうのではないかと思えるほどの勢いです。脳科学では、何かの刺激を受けている時、あるいは何かの課題に取り組んでいる時の脳活動を計測し、心理的機能の脳内基盤を明らかにしていきます。最近では乳幼児にも使える装置の開発が進み、たとえば誤信念課題（4章）に取り組んでいる時、バイオロジカルモーション（2章）をみている時などの乳幼児の脳活動が、少しずつわかってきました。実験では「選ぶ」とか「触る」とか、何らかの行動を乳幼児に求めますが、行動に表出されなくても脳内では何らかの反応が生じているという事態は十分に考えられます。脳科学の手法を用いれば、こうした現象をとらえることができるわけです。その意味で、脳科学は今後ますます認知発達研究において大きな位置を占めていくでしょう。

一方、質的研究法を用いた研究も増えてきています。実験では課題や条件を統制し、課題間あるいは条件間での行動を比較していきますが、質的研究ではごく限られた対象について、現象をこと細かく記述し、深い考察を加えていきます。質的研究法を用いれば、実験ではなかなかみることのできない発達のプロセスをとらえることができます。たとえば、誤信念課題は3歳から4歳にかけて、急速に通過率（課題に正答する子どもの比率）が上昇しますが、この時期のある時点で天から降ってくるようにして理解が獲得されるわけではありません。日ごろの経験のなかで、またそれまでに獲得してきた認知的機能が素地となって、理解は徐々につくられていきます。そこに至るプロセスを実験でとりだすことはなかなか難しいのですが、たとえば「だます」のように誤信念の理解と関係する行動がどう出現してくるかを丹念に観察・記述していけば、プロセスの一端をつかまえることができるかもしれません。

研究法にはどれも一長一短があり、現象を説明するレベルもさまざまです。脳科学的手法を用いることでわかる発達の姿、質的研究によってみることのできる発達の姿、そして実験から明らかになる発達の姿……これらを重ねあわせることで初めて、発達の豊かな世界が開けてきます。実験から明らかになるものは、その世界を写したスナップショットにすぎません。しかし、注意深く課題を組み立て、子どもが最大限の能力を発揮できるよう配慮しながら実験を行うことで、そのスナップショットは発達の貴重な節目を写したものにも、肉眼ではみえない子どもの姿を写したものにもなります。もちろんこうした配慮を怠れば、ピンボケ写真になってしまうことにもなります。

さて、本書のきっかけとなったのは、私たちの友人である認知心理学者・岩男卓実さん（元明治学院大学准教授）の急逝にあります。私たちが企画した発達心理学会でのシンポジウムに指定討論者としての登壇をお願いし、ご一緒するのを心待ちにしていた折のことでした。

中島が岩男さんとご一緒した仕事の一つに、ゴスワミ（Goswami, U）が著した『*Cognition in Children*』（邦題『子どもの認知発達』新曜社）の翻訳があります。幸いにも、本書は研究者を中心に良書だという評判をいただいていますが、入門者にとってはやや専門性が高いようです。後に出版された改訂版（『Cognitive Development : The learning Brain』）も同様です。「より多くの人に認知発達研究の面白さをわかりやすく伝えたい」「認知発達を支える本質が筋として貫かれている一冊の本を届けたい」……翻訳を進める中で、このような話を彼と幾度となく交わしたことが思い出されます。

岩男さんの生前の願いを少しでも反映する仕事はできないものか。彼の急逝に呆然としながらも、このような思いを私たちが共有したことで生まれたのが、本書です。

草稿の段階では、五十嵐有貴さん、外山和子さんに貴重なご指摘をいただきました。私たちだけではわからない点に気づかせてくださったおふたりに感謝いたします。明和政子さん（京都大学）は、チンパンジーの実験に関する貴重な写真を快くお貸しくださいました。また、福林春乃さんは、本書のためにわかりやすく素敵なイラストを描いてくださいました。記して感謝いたします。新曜社の塩浦暲さんは、本書の企画から出版まで私たちをあたたかく見守り、時に鋭い助言をくださいました。塩浦さんなくして、この本の出版はあり得ませんでした。ありがとうございました。

最後に、本書を手にとり最後までお読みくださった読者のみなさまに心からの感謝を申し上げます。本書をきっかけとして、ひとりでも多くの方が乳幼児期の知的発達に、また実験法による発達の探求に興味を持ってくださったら、これ以上の喜びはありません。

本書を、私たちの友人である岩男卓実さんにささげたいと思います。

２０１３年１月23日

外山紀子
中島伸子

著者紹介

外山紀子（とやま　のりこ）

東京工業大学総合理工学研究科博士課程修了。現在、早稲田大学教授。博士（学術）。主な研究分野は、認知発達。
主要著書に、『発達としての共食』（新曜社，2008年）（単著）、『やさしい発達と学習』（有斐閣，2010年）（共著）、『子どもと食』（東京大学出版会，2013年）（共編著）、『食をつなげる、食でつながる』（新曜社、2014年）（共著）ほかがある。

中島伸子（なかしま　のぶこ）

お茶の水女子大学大学院人間文化研究科博士課程修了。現在、新潟大学准教授。博士（人文科学）。主な研究分野は、認知発達。
主要著訳書に、『知識獲得の過程――科学的概念の獲得と教育』（風間書房，2000年）（単著）、『自己心理学4　認知心理学へのアプローチ』（金子書房，2008年）（分担執筆）、『子どもの認知発達』（新曜社，2003年）（共訳）ほかがある。

新曜社
乳幼児は世界をどう理解しているか
実験で読みとく赤ちゃんと幼児の心

初版第1刷発行　2013年3月20日
初版第3刷発行　2016年8月10日

著　者　外山紀子
　　　　中島伸子
発行者　塩浦　暲
発行所　株式会社　新曜社
101-0051　東京都千代田区神田神保町3-9
電話（03）3264-4973・FAX（03）3239-2958
E-mail : info@shin-yo-sha.co.jp
URL : http://www.shin-yo-sha.co.jp/

印刷所　亜細亜印刷
製本所　イマヰ製本所

ISBN978-4-7885-1337-2 C 1011

索　引

▶さ　行

▶た　行

文　献

1章　実験から乳幼児の心を探る

[1] Fantz, R. L. (1961). The origin of form perception. *Scientific American, 204*, 66-72.

[2] Fantz, R. L. (1966). Pattern discrimination and selective attention as determinants of perceptual development from birth. In A. H. Kidd & J. J. Rivoire (Eds.), *Perceptual development in children* (pp. 143-173). New York : International Universities Press.

[3] ゴスワミ，U.／岩男卓実ほか（訳）(2003)『子どもの認知発達』新曜社. (Goswami, U. (1998). *Cognition in children*. Hove, East Sussex : Psychology Press.)

[4] Lumeng, J. C. & Hillman, K. H. (2007). Eating in larger groups increases food consumption. *Archives of Disease in Childhood, 92*, 384-387.

[5] Mandler, J.M., & McDonough, L. (1996). Drinking and driving don't mix : Inductive generalization in infancy. *Cognition, 59*, 307-335.

[6] 大神田麻子（2010).「就学前児における反応バイアスの発達的変化」『心理学評論』*53*, 545-561.

[7] Slater, A., Morison, V., & Rose, D. (1983). Locus of habituation in the human newborn, *Perception, 12*, 593-598.

2章　乳児の有能さ

[1] Bartrip, J., Morton, J., & de Schonen, S. (2001). Responses to mother faces in 3-week to 5-month-old infants. *British Journal of Developmental Psychology, 19*, 219-232.

[2] Bertenthal, B. I., Proffitt, D. R., Spetner, N. B., & Thomas, M. A. (1985). The development of infant sensitivity to biomechanical motions. *Child Development, 56*, 531-43.

[3] ブレムナー, J. G.／渡部雅之（訳）(1999).『乳児の発達』ミネルヴァ書房. (Bremner, J. G. (1988). *Infancy*. Oxford : B. Blackwell.)

[4] Bushnell, I. W. R. (1979). Modification of the externality effect in young infants. *Journal of Experimental Child Psychology, 28*, 211-229.

[5] Cornell, E. H. (1979). Infants' recognition memory, forgetting, and savings. *Journal of Experimental Child psychology, 28*, 359-374.

[6] DeCasper, A. J., Lecanuet, J. P., Busnel, M. C., Granier-Deferre, C., & Maugeais, R. (1994). Fetal reactions to recurrent materanl speech. *Infant Behavior and Development, 17*, 159-164.

[7] DeCasper, A. J.. & Spence, M. J. (1986). Prenatal maternal speech influences newborns' perception of speech sounds. *Infant Behavior and Development, 9*, 133-150.

[8] Gergely, G., Nadasdy, Z., Csibra, G., & Biro, S. (1995). Taking the intentional stance at 12 months of age. *Cognition, 56*, 165-193.

[9] ゴスワミ, U.／岩男卓実ほか（訳）(2003)『子どもの認知発達』新曜社. (Goswami, U. (1998). *Cognition in children*. Hove, East Sussex : Psychology Press.)

[10] Haith, M. M. (1980). *Rules that babies look by : The organization of newborn visual activity*. Potomac, MD : LEA.

[11] Heider, F., & Simmel, M. (1944). An experimental study of apparent behavior. *American Journal of Psychology, 57*, 243-249.

[12] Johansson, G. (1973). Visual perception of biological motion and a model for its analysis. *Perception and Psychophysics, 14*, 201-211.

[13] Johnson, M. H., Dziurawic, S., Bartrip, J., Morton, J. (1992). The effect of movement of internal feature on infants' preferences for face-like stimuli. *Infant Behavior and Development. 15*, 129-136.

[14] Klin, A., Lin, D. J., Gorrindo, P., Ramsay, G., & Jones, W. (2009). Two year-olds with autism orient to non-social contingencies rather than biological motion. *Nature, 459*, 257-261.

[15] Mandler, J. M. & McDonough, L. (1995). Long-term recall of event sequences in infancy. *Journal of Experimental Child Psychology, 59*, 457-474.

[16] Maratos, O. (1982). Trends in the development of imitation in early infancy. In T. G. Bever (Ed.), *Regressions in mental development : Basic phenomena and theories* (pp.81-101). Hillsdale, NJ : Erlbaum.

[17] Meltzoff, A. N., & Moore, M. K. (1983). Newborn infants imitate facial gestures. *Child Development, 54*, 702-709.

[18] Meary, D., Kitromilides, E., Mazens, K., Graff, C., & Gentaz, E. (2007). Four-day-old human neonates look longer at non-biological motions of a single point-of-light. *PLoS ONE, 2*, e186.

[19] Perris, E. E., Myers, N. A., & Clifton, R. K. (1990). Long-term memory for a single infancy experience. *Child Development, 61*, 1796-1807.

[20] ポルトマン,A.／高木正孝（訳）(1961).『人間はどこまで動物か――新しい人間像のために』岩波書店. (Portmann, A. (1944). *Biologische Fragmente zu einer Lehre vom Menschen*. Basel : Verlag Benno Schwabe & Co.)

[21] Rakison, D. H., & Poulin-Dubois, D. (2001). The developmental origin of the animate-inanimate distinction. *Psychological Bulletin, 127*, 209-228.

[22] Rovee-Collier, C. K., Sullivan, M. W., Enright, M, Lucas, D, & Fagen J. W. (1980). Reactivation of infant memory. *Science, 208*, 1159-1161.

[23] Slater, A. M. (1990). Infant development : The origins of competence, *The Psychologist : Bulletin of the British Psychological Society, 3*, 109-113.

[24] Spelke, E. S., Phillips, A. T., & Woodward, A. L. (1995). Infants' knowledge of object motion and human action. In D. Sperber, D. Premack, & A. J. Premack (Eds.), *Causal cognition : A multidisciplinary debate* (pp.44-78). Oxford : Clarendon Press.

3章　乳幼児の記憶

[1] アンドリッジ, M.・ウッド, J.／仲真紀子（編訳）(2004).『子どもの面接法――司法における子どものケア・ガイド』北大路書房. (Aldridge, M. & Wood, J. (1998). *Interviewing children : A guide for child care and forensic practitioners*. New York : Wiley.)

[2] Bjorklund, D. F., & Bjorklund, B. R. (1992). *Looking at children : An introduction to child development*. Pacific Grove, CA : Brooks/Cole Publishing Co.

[3] チェンバレン, D.／片山陽子（訳）(1991).『誕生を記憶する子どもたち』春秋社. (Chamberlain, D. B. (1988). *Babies remember birth : And other extraordinary scientific discoveries about the mind and personality of your newborn*. Los Angeles : J.P. Tarcher : Distributed by St. Martin's Press.)

[4] Chi, M. T. H. (1978). Knowledge structure and memory development. In R. S. Siegler (Ed.), *Children's thinking : What develop?* (pp.73-96). Hillsdale, NJ : Erlbaum.

[5] Chi, M. T. H., & Koeske, R. D. (1983). Network representation of a child's dinosaur knowledge. *Developmental Psychology, 19*, 29-39.

[6] Chi, M. T. H., Hutchinson, J., & Robin, A. (1989). How inferences about novel domain-related concepts can be constrained by structured knowledge. *Merrill-Palmer Quarterly, 35*, 27-62.

[7] Drummy , A. B., & Newcombe, N. S. (2002). Developmental changes in source memory. *Developmental science, 5*, 502-513.

[8] Eacott, M. J., & Crawley, R. A. (1998). The offset of childhood amnesia. *Journal of Experimental Psychology : General*, Vol.127, 22-33.

[9] Fivush, R., & Fromhoff, F. (1988). Style and structure in mother-child conversation about the past. *Discourse processes, 11*, 337-355.

[10] Fivush, R., Gray, J. T., & Fromhoff, F. A. (1987). Two-year-olds talk about the past. *Cognitive development, 2*, 393-409.

[11] Fivush, R., & Hammond, N. (1990). Autobiographical memory across the preschool years : Towards reconceptualizing childhood amnesia. In R. Fivush & J. A. Hudson (Eds),

Knowing and remembering in young children (pp.223-248). New York : Cambridge University Press.

[12] Freud, S. (1901／1960). The psychopathology everyday life. Republished 1953. In J. Strachey (ed. & Transl.), *The standard edition of the complete psychological works of Sigmund Freud*. Vol.6. London : Hogarth.

[13] Gobb, C., & Chi, M. (1986). How knowledge is structured and used by expert and novice children. *Cognitive Development, 1*, 221-237.

[14] Goodman, G. S., Hirschman, J., Hepps, D., & Rudy, L. (1991). Children's memory for stressful events. *Merrill-Palmer Quarterly, 37*, 109-158.

[15] Gudjonsson, G. H. (1987). A parallel form of the Gudjonsson Suggestibility Scale. *British Journal of Criminal Psychology, 26*, 215-221.

[16] ギャザコール, S. E.・アロウェイ, T. P.／湯澤正通・湯澤美紀（訳）(2009).『ワーキングメモリと学習指導——教師のための実践ガイド』北大路書房（Gathercole, S. E., & Alloway, T. P. (2008). *Working memory and learning*. London : Sage.)

[17] Haden, C. A., Ornstein, P. A., Eckerman, C. O., & Didow, S. W. (2001). Mother-child conversational interactions as events unfold : Linkages to subsequent remembering. *Child Development, 72*, 1016-1031.

[18] Hammond, N. R., & Fivush, R. (1991). Memories of Mickey Mouse : Young children recount their trip to Disneyworld. *Cognitive Development, 6*, 433-448.

[19] Harley, K., & Reese, R. (1999). Origins of autobiographical memory. *Developmental Psychology, 35*, 1338-1348.

[20] Howe, M. L., & Courage, M. L. (1993). On resolving the enigma of infantile autism. *Psychological Bulletin, 113*, 305-326.

[21] 池内明 (2002).『おぼえているよ。ママのおなかのなかにいたときのこと。』リヨン社.

[22] 木下孝司 (2005).「自己発達の問題としての”心の理解“」遠藤利彦（編著）『発達心理学の新しいかたち』(pp.159-185). 誠信書房.

[23] 小谷津孝明 (1991).「最幼児期記憶の周辺」『イマーゴ』7, 89-97.

[24] Leichtman, M. D. & Ceci, S. J. (1995). The effects of stereotypes and suggestions on preschoolers' reports. *Developmental Psychology, 31*, 568-578.

[25] ロフタス, E. F,・ケッチャム, K.／仲真紀子（訳）(2000)『抑圧された記憶の神話——偽りの性的虐待をめぐって』誠信書房. (Loftus, E. & Ketcham, K. (1994). *The myth of repressed memory : False memories and allegations of sexual abuse*. New York : St. Martin's Press.)

[26] Mandler, J. M., & McDonough, L. (1995). Long-term recall of event sequences in in-

fancy. Special Issue : Early memory. *Journal of Experimental Child Psychology, 59*, 457-474.
［27］ Miller, G. A.（1956）. The magical number seven, plus or minus two : Some limits on our capacity for processing information. *Psychological Review, 63*, 81-97.
［28］ Mullen, M. K.（1994）. Earliest recollections of childhood : A demographic analysis. *Cognition, 52*, 55-79.
［29］ 内藤美加（2008）.「時間の旅、" 私 "の体験、そして語られる文化——自伝的記憶の発生」仲真紀子（編著）『シリーズ自己心理学4巻 認知心理学へのアプローチ』（pp.8-29）. 金子書房.
［30］ 仲真紀子（2005）.「子どもの面接法」法と心理学会（編）『目撃供述・識別手続きに関するガイドライン』（pp.221-233）. 現代人文社.
［31］ 仲真紀子（2008）.「子どもの証言は信用できるか」内田伸子（編著）『よくわかる乳幼児心理学』（pp.120-121）. ミネルヴァ書房.
［32］ Nelson, K.（1993）. The psychological and social origins of autobiographical memory. *Psychological Science, 4*, 7-14.
［33］ Nelson, K., & Fivush, R.（2004）. The emergence of autobiographical memory : A social cultural developmental theory. *Psychological Review, 111*, 486-511.
［34］ Nelson, K., & Gruendel, J.（1981）. Generalizing event representations : Basic building blocks of cognitive development, In M. E. Lamb & A. L. Brown（Eds.）, *Advances in developmental psychology*. Vol.1.（pp.131-158）. Hillsdale, NJ : Lawrence Erlbaum Associates.
［35］ 大神田麻子（2011）.「子どもが『うん』と言ってしまう不思議」清水由紀・林創（編著）『他者とかかわる心の発達心理学』（pp.167-181）. 金子書房.
［36］ Peterson, C., & Rideout, R.（1998）. Memory for medicalemergencies experienced by 1- and 2-year olds. *Developmental Psychology, 34*, 1059-1072.
［37］ Reese, E., Haden, C. A., & Fivush, R.（1993）. Mother-child conversations about the past : Relationships of style and memory over time. *Cognitive Development, 8*, 403-430.
［38］ Ruffman, T., Rustin, C., Garnham, W. & Parkin, A. J.（2001）. Souce monitoring and false memories in children : Relation to certainty and exective functioning. *Journal of Experimental Child Psychology, 80*, 95-111.
［39］ 清水由紀・林創（編著）（2011）.『他者とかかわる心の発達心理学』金子書房.
［40］ Siegler, R. S.（1998）. *Children's thinking*. Third Edition. New Jersey : Prentice- Hall.
［41］ 杉村智子（2004）.「目撃者としての子ども」杉村伸一郎・坂田陽子（編著）『実験で学ぶ発達心理学』（pp.52-61）. ナカニシヤ出版.
［42］ Uehara, I.（2000）. Differences in episodic memory between four- and five-year-olds : False information versus real experiences. *Psychological Reports, 89*, 1029-1035.
［43］ 上原泉（1998）.「再認が可能になる時期とエピソード報告開始時期の関係——

縦断的調査による事例報告」『教育心理学研究』46, 271-279.
[44] 上原泉（2003).「第Ⅱ部 発達——記憶、心の理解に重点をおいて」月本洋・上原泉（著）『想像——心と身体の接点』(pp.117-182). ナカニシヤ出版.
[45] 上原泉（2005a).「子どもはどれくらい幼少期の個人的な出来事を想起できるか——縦断的な事例研究」佐藤浩一・越智啓太・神谷俊次・上原泉・川口潤・太田信夫（著）『自伝的記憶研究の理論と方法（2）認知科学テクニカルレポート』No.55, 17-21.
[46] 上原泉（2005b).「乳幼児の記憶発達に関する新しい理論構築の試み」『清泉女学院大学人間学部研究紀要』Vol.2, 3-13.
[47] 上原泉（2008).「思い出のはじまり——初期のエピソード」仲真紀子（編著）『シリーズ自己心理学4巻 認知心理学へのアプローチ』(pp.30-46). 金子書房.
[48] 上原泉（2011).「子どもにとっての幼少期の思い出」清水由紀・林創（編著）『他者とかかわる心の発達心理学』(pp.183-196). 金子書房.
[49] Usher, J. A. & Neisser, U. (1993). Childhood amnesia and the beginnings of memory for four early life events. *Journal of Experimental Psychology, 122*, 155-165.
[50] Wang, Q., leichtman, M. D., & Davies, K. I. (2000). Sharing memories and telling stories : American and Chinese mothers and their 3-year-olds. *Memory, 8*, 159-177.
[51] 矢野喜夫（1988).「幼い時代の記憶」岡本夏木（編）『認識とことばの発達心理学』ミネルヴァ書房, pp.232-262.

4章　生き物をどう理解しているか

[1] Backscheider, A., Shatz, M., & Gelman, S. (1993). Preschoolers' ability to distinguish living kinds as a function of regrowth. *Child Development, 64*, 1242-1257.
[2] Barrett, H. C., & Behne, T. (2005). Children's understanding of death as the cessation of agency : A test using sleep versus death. *Cognition, 96*, 93-108.
[3] Carey, S. (1985). *Conceptual change in childhood*. Cambridge, MA : MIT Press.
[4] カーティス,A. J.／外山紀子（訳）(2006).『健康心理学入門』新曜社. (Curtis, A. J. (2000). *Health Psychology*. London : Routledge.)
[5] Gelman, S. A. (2003). *The essential child : Origins of essentialism in everyday thought*. New York : Oxford University Press.
[6] Gelman, S. A. (2009). Learning from others : Children's construction of concepts. *Annual Review of Psychology, 60*, 115-140.
[7] Gauvain, M. & Beebe, H. (2011). Contamination sensitivity in rural sub-urban Africa : Developmental, social, and cultural contributions. Paper presented in the Biennial Meeting of SRCD, Montreal.

[8] Hejmadi, A., Rozin, P., & Siegal, M. (2004). Once in contact, always in contact: Contagious essence and conceptions of purification in American and Hindu Indian children. *Developmental Psychology, 4*, 467-476.

[9] Inagaki, K. & Hatano, G. (1993). Young children's understanding of the mind-body distinction. *Child Development, 64*, 1534-1549.

[10] Inagaki, K., & Hatano, G. (1996). Young children's recognition of commonalities between animals and plants. *Child Development, 67*, 2823-2840.

[11] 稲垣佳世子・波多野誼余夫（著・監訳）(2005).『子どもの概念発達と変化――素朴生物学をめぐって』共立出版. (Inagaki, K., & Hatano, G. (2002). *Young children's naive thinking about the biological world*. New York: Psychology Press.)

[12] Kalish, C. W. (1996). Preschoolers' understanding of germs as invisible mechanisms. *Cognitive Development, 11*, 83-106.

[13] Kister, M. C. & Patterson, C. J. (1980). Children's conceptions of the causes of illness: Understanding of contagion and use of immanent justice. *Child Development, 51*, 839-846.

[14] Laurendeau, M., Pinard, A. (1962). *Causal thinking in the child: A genetic and experimental approach*. New York: International Universities Press.

[15] Legare, C. H., & Gelman, S. A. (2008). Bewitchment, biology, or both: The coexistence of natural and supernatural explanatory frameworks across development. *Cognitive Science, 32*, 607-642.

[16] 向井隆久・丸野俊一 (2004).「心的特性及び身体的特徴の起源に関する素朴因果モデルの発達的変化」『教育心理学研究』55, 98-109.

[17] 中島伸子 (2010).「年をとるとなぜ皺や白髪が増えるの？――老年期固有の身体外観上の華麗変化についての幼児の理解」『発達心理学研究』*21*, 95-105.

[18] Nguyen, S. P., & Gelman, S. A. (2002). Four and 6-year-olds' biological concept of death: The case of plants. *British Journal of Developmental Psychology, 20*, 495-513.

[19] Piaget, J. (1929). *The child's conceptions of the world.* London: Rautledge & Kagan Paul.

[20] Raman, L., & Gelman, S. A. (2008). Do children endorse psychosocial factors in the transmission of illness and disgust? *Developmental Psychology, 44*, 801-813.

[21] Rozin, P., Fallon, A. E., & Augustoni-Ziskind, M. L. (1985). The child's conception of food: The development of contamination sensitivity to "disgusting" substances. *Developmental Psychology, 21*, 1075-1079.

[22] Rosengren, K. S., Gelman, S. A., Kalish, C. W., & McCormick, M. (1991). As time goes by: Children's early understanding of growth. *Child Development, 62*, 441-465.

[23] Siegal, M. (1988). Children's knowledge of contagion and contamination as causes of illness. *Child Development, 59*, 1353-1359.

[24] シーガル,M.／鈴木敦子・外山紀子・鈴木宏昭（訳）(1993).『子どもは誤解されている』新曜社.（Siegal, M.（1991）. *Knowing children : Experiments in conversation and cognition*. Essays in Developmental Psychology Series, Hove, UK : Erlbaum.

[25] シーガル, M.／外山紀子（訳）(2010).『子どもの知性と大人の誤解——子どもが本当に知っていること』新曜社.（Siegal, M.（2008）. *Marvlous minds : The discovery of what children know*. New York, NY : Oxford University Press.）

[26] Siegal, M. & Share. D. L.（1990）. Contamination sensitivity in young children, *Developmental Psychology, 26*, 455-458.

[27] Solomon, G. E. A., & Cassimatis, N. L.（1999）. On facts and conceptual systems : Young children's integration of their understanding of germs and contagion. *Developmental Psychology, 35*, 113-126.

[28] Springer, K., & Belk, A.（1994）. The role of physical contact and association in early contamination sensitivity. *Developmental Psychology, 30*, 864-868.

[29] Springer, K., & Ruckel, J.（1992）. Early beliefs about the cause of illness : Evidence against immanent justice. *Cognitive Development, 7*, 429-443.

[30] Toyama, N.（1999）. Developmental changes in the basis of associational contamination thinking. *Cognitive Development, 14*, 343-361.

[31] Toyama, N.（2000）. Young children's awareness of socially mediated rejection of food : Why is food dropped at the table "dirty"? *Cognitive Development, 15*, 523-541.

[32] Toyama, N.（2010）. Japanese children's and adults' awareness of psychogenic bodily reactions. *International Journal of Behavioral Development, 34*, 1-9.

[33] Wellman, H. M.（1998）. Culture, variation, and levels of analysis in folk psychologies : Comment on Lillard（1998）. *Psychological Bulletin, 123*, 33-36.

[34] Wellman, H. M., & Gelman, S. A.（1992）. Cognitive development : Foundational theories of core domains. *Annual Review of Psychology, 43*, 337-375.

5章　心をどう理解しているか

[1] アスティントン,J. W.／松村暢隆（訳）(1995).『子供はどのように心を発見するか——心の理論の発達』新曜社.（Astington, J. W.（1993）. *The child's discovery of the mind*. Cambridge, MA : Harvard University Press.）

[2] Baron-Cohen, S., Leslie A. M., Frith, U.（1985）. Does the autistic child have a 'theory of mind'? *Cognition, 21*, 37-46.

[3] Carlson, S. M., & Moses, L. J.（2001）. Individual differences in inhibitory control and children's theory of mind. *Child Development, 72*, 1032-1053.

[4] Gerstadt, C. L., Hong, Y. J., & Diamond, A.（1994）. The relationship between cognition

and action : Performance of children 3 1／2 -7 years old on a Stroop-like day-night test. *Cognition, 53*, 129-153.

[5] Happe, F., Booth, R., Charlton, R. & Hughes, C. (2006). Executive function deficits in Autism Spectrum Disorders and Attention-Deficit/Hyperactivity Disorder : Examining profiles across domains and ages. *Brain and Cognition, 61*, 25-39.

[6] Kloo, D., & Perner, J. (2003). Training transfer between card sorting and false belief understanding : Helping children apply conflicting descriptions. *Child Development, 74*, 1823-1839.

[7] 子安増生・西垣順子・服部敬子 (1998).「絵本形式による児童期の<心の理解>の調査」『京都大学教育学部紀要』*44*, 1-23.

[8] Lewis, M., Stranger, C., & Sullivan, M. W. (1989). Deception in 3-year-olds. *Developmental Psychology, 25*, 439-443.

[9] Meltzoff, A. N. (1995). Understanding the intentions of others : Re-enactment of intended acts by 18-month-old children. *Developmental Psychology, 31*, 838-850.

[10] 明和政子 (2006).『心が芽ばえるとき――コミュニケーションの誕生と進化』NTT 出版.

[11] Perner, J. (1988). Higher-order beliefs and intentions in children's understanding of social nteraction. In J. W. Astington, P. Harris, & D. R. Olson (Eds.), *Developing theories of mind* (pp.271-294). Cambridge : Cambridge University Press.

[12] Perner, J. (1991). *Understanding the representational mind*. The MIT Press.

[13] Perner, J., Leekam, S., & Wimmer, H. (1987). Three-year-olds' difficulty with false belief : The case for a conceptual deficit. *British Journal of Developmental Psychology, 5*, 125-137.

[14] Perner, J., & Wimmer, H. (1985). John thinks that Mary thinks that... : Attribution of second-order beliefs by 5- to 10-year-old children. *Journal of Experimental Child Psychology, 39*, 437-471.

[15] Polak, A. & Harris, P. L. (1999). Deception by young children following noncompliance. *Developmental Psychology, 35*, 561-568.

[16] プレマック, D. (2004).「チンパンジーは心の理論を持つか？ 再考」リチャード・バーン＋アンドリュー・ホワイトゥン (編)／藤田和生・山下博志・友永雅己 (訳)『マキャベリ的知性と心の理論の進化論』(pp.176-201). ナカニシヤ出版. (Premack, D. (1988). 'Does the chimpanzee have a theory of mind?' revisited. In R. W. Byrne (Ed.), *Machiavellian intelligence : Social expertise and the evolution of intellect in monkeys, apes, and humans* (pp.160-179). New York : Oxford University Press.)

[17] Premack, D., & Woodruff, G. (1978). Does the chimpanzee have a theory of mind? *Be-*

havioral and Brain Sciences, 1, 515-526.

[18] 佐伯胖 (2001).『幼児教育へのいざない――円熟した保育者になるために』東京大学出版会.

[19] シーガル, M.／外山紀子（訳）(2010).『子どもの知性と大人の誤解――子どもが本当に知っていること』新曜社. (Siegal, M. (2008). *Marvlous minds : The discovery of what children know*. New York, NY : Oxford University Press.)

[20] Southgate, V., Senju, A., & Csibra, G. (2007). Action anticipation through attribution of false belief by two-year-olds. *Psychological Science, 18*, 587-592.

[21] Talwar, V., Gordon, H. M., & Lee, K. (2007). Lying in elementary school years : Verbal deception and its relation to second-order belief understanding. *Developmental Psychology, 43*, 804-810.

[22] Talwar, V., & Lee, K. (2002). Development of lying to conceal a transgression : Children's control of expressive behavior during verbal deception. *International Journal of Behavioral Development, 26*, 436-444.

[23] Tomasello, M. (1993). On the interpersonal origins of self-concept. In : Neisser U, (Ed.), *The perceived self : Ecological and interpersonal sources of self-knowledge* (pp.174-184). Cambridge : Cambridge University Press.

[24] Wimmer, H. & Perner, J. (1983). Beliefs about beliefs : Representation and constraining function of wrong beliefs in young children's understanding deception. *Cognition, 13*, 103-128.

[25] Wing, L. (1988). The continuum of autistic characteristics. In B. Schopler & G. Mesibov (Eds.), *Diagnosis and assessment in autism* (pp.91-110). New York : Plenum Press.

6章　物の世界をどう理解しているか

[1] Baillargeon, R. (1987). Object permanence in 3.5- and 4.5-month-old infants. *Developmental Psychology, 23*, 655-664.

[2] Baillargeon, R. (1993). The object concept revised : New direction in the investigation of infants' physical knowledge. In C. E. Granrund (Ed.), *Visual perception and cognition in infancy* (pp.265-316). Hillsdale, NJ : Lawrence Erlbaum Associates.

[3] Baillargeon, R., Kotovsky, L. & Needham, A. (1995). The acquisition of physical knowledge in infacy. In D. Sperber, D. Premack, & A. J. Premack (Eds.), *Causal Cognition : A multidisciplinary debate*. Oxford University Press.

[4] Baillargeon, R., Needham, A., DeVos, J. (1992). The development of young infants' institution about support. *Early Development and Parenting, 1*, 69-78.

[5] Baillargeon, Paschke, & Needham,in preparation ; 上記[3] から引用.

[6] Baillargeon, R., Spelke, E., & Wasserman, S. (1985). Object permanence in 5-month-old infants. *Cognition, 20*, 191-208.
[7] Berthier, N., DeBlois, S., Poirier, C. R., Novak, M. A., & Clofton, R. K. (2000). What's behind the door? Two- and three-year-olds reason about unseen events. *Developmental Psychology, 36*, 394-401.
[8] Clement, J. (1982). Students' preconceptions in introductory mechanics. *American Journal of Physics, 50*, 66-71.
[9] 旦　直子 (2007).『乳児における重力法則理解の発達』風間書房.
[10] Diakidoy, I. A., Vosniadou, S., & Hawks, J. D. (1997). Conceptual change in astronomy : Models of the earth and of the day/night cycle in American-Indian children. *European Journal of Psychology Education, 12*, 159-184.
[11] Gjersoe, N. L. & Hood, B. M. (2009). Clever eyes and stupid hands : Current thoughts on why dissociations of apparent knowledge occur on solidity task. In B. M. Hood & L. R. Santos (Eds.), *The origin of object knowledge*. Oxford : Oxford University Press.
[12] Goswami, U. (2008). *Cognitive Development : The Learning Brain.* Psychology Press.
[13] Hauser, M. D. (2003). Knowing about knowing : dissociations between perception and actions systems over evolution and in development. *Annual New York Academy of Sciences, 1*, 1-25.
[14] Hood, B. M. (1995). Gravity rules for 2-to 4-year-olds? *Cognitive Development, 10*, 577-598.
[15] Hood, B. M. (1998). Gravity does rule for falling events. *Developmental Science, 1*, 59-63.
[16] Hood, B., Cole-Davies, V., & Dias, M. (2003). Looking and search measures of objects knowledge in preschool children. *Developmental Psychology, 39*, 61-70.
[17] Hood, B. M., Santos, L. & Fieselman, S. (2000). Two-year-olds'naive predictions for horizontal trajectories. *Developmental Science, 3*, 328-332.
[18] Hood, B. M., Wilson, A., & Dyson, S. (2006). The effect of divided attention on inhibiting the gravity error. *Developmental Science, 9*, 303-308.
[19] Kaiser, M. K., Profitt, D. R. & McCloskey, M. (1985). The development of beliefs about falling objects. *Perception & Psychophysics, 38*, 533-539.
[20] 木下孝司・加用文雄・加藤義信 (2011).『子どもの心的世界のゆらぎと発達』ミネルヴァ書房.
[21] McCloskey, M., Washburn, A., & Felch, L. (1983). Intuitive physics : The straight-down belief and its origin. *Journal of Experimental Psychology : Learning, Memory, and Cognition, 9*, 636-649.

[22] 森口佑介 (2011).「心のしなやかさと切り替えの獲得」清水由紀・林創 (編著)『他者とかかわる心の発達心理学』(pp.39-53). 金子書房.
[23] 森口祐介 (2012).『わたしを律するわたし』京都大学出版会.
[24] 村山功 (1989).「自然科学の理解」鈴木宏昭・鈴木高士・村山功・杉本卓『教科理解の認知心理学』(pp.99-151). 新曜社.
[25] 中島伸子 (2000).『知識獲得の過程——科学的概念の獲得と教育』風間書房.
[26] 中島伸子 (2011).「天文学の領域での概念変化——地球の形についての子どもの理解」『心理学評論』*54*, 268-282.
[27] Needham, A. & Baillargeon, R. (1993). Institution about support in 4.5 month-old infants. *Cognition, 47*, 121-148.
[28] Nobes, G., Moore, D. G., Martin, A. E., Clifford, B. R., Butterworth, G., Panagiotaki, G., & Siegal, M. (2003). Children's understanding of the earth in a multicultural community : Mental models or fragments of knowledge? *Developmental Science, 6*, 72-85.
[29] Piaget, J. (1954). *The construction of reality in the child*. (Trans. by M. Cook) New York : Basic Books. (*La constuction du reel cea L'enfant*. (1937). Neuchatel : Delachaux et Niestle.)
[30] Samarapungavan, A., Vosniadou, S., & Brewer, W. F. (1996). Mental models of the earth, sun, and moon : Indian children's cosmologies. *Cognitive Development, 11*, 491-521.
[31] シーガル, M.／外山紀子 (訳) (2010).『子どもの知性と大人の誤解——子どもが本当に知っていること』新曜社. (Siegal, M. (2008). *Marvlous minds : The discovery of what children know*. New York, NY : Oxford University Press.)
[32] Siegal, M., Butterworth, G., & Newcombe, P. A. (2004). Culture and children's cosmology. *Developmental Science, 7*, 308-324.
[33] Spelke, E. (1991). Physical knowledge in infancy. In S. Carey, & R. Gelman (Eds.), *The epigenesist of mind : Essays on biology and cognition* (pp.133-169). Lawrence Erlbaum Associates.
[34] Spelke, E. (1994). Initial knowledge : Six suggestions. *Cognition, 50*, 431-445.
[35] Spelke, E. S., Breinlinger, K., Macomber, J. & Jacobson, K. (1992). Origins of knowledge. *Psychological Review, 99*, 605-632.
[36] 富田昌平 (2009).「幼児における不思議を楽しむ心の発達——手品に対する反応の分析から」『発達心理学研究』*20*, 86-95.
[37] 富田昌平 (2011).「子どもの想像世界と現実」清水由紀・林創 (編著)『他者とかかわる心の発達心理学』(pp.197-212). 金子書房.
[38] 内田伸子 (編) (2008).『よくわかる乳幼児心理学』ミネルヴァ書房.
[39] ヴィゴツキー, L. S.／柴田義松 (訳) (1962)『思考と言語 (下)』明治図書.

[40] ヴィゴツキー, L. S.／柴田義松（訳）（1975）『子どもの知的発達と教授」（1933年レニングラード児童学研究所科学方法論協議会における報告記録「学齢期における生活的概念と科学的概念の発達」）明治図書.

[41] Vosniadou, S. (1994a). Captualing and modeling the process of conceptual change. *Learning and Instruction, 4*, 45-69.

[42] Vosniadou, S. (1994b). Universal and culture-specific properties of children's mental models of the earth. In L. A. Hirschfeld & S. A. Gelman (Eds.), *Mapping the mind : Domain specificity in cognition and culture* (pp.412-430). New York : Cambridge University Press.

[43] Vosniadou, S. & Brewer, W. F. (1992). Mental models of the earth : A study of conceptual change in childhood. *Cognitive Psychology, 24*, 535-585.

Vosniadou, S. & Brewer, W. F. (1994). Mental models of the day/night cycle. *Cognitive science, 18*, 123-183.

7章　自分をどう理解しているか

[1] Amsterdam, B. (1972). Mirror self-image reactioms before age two. *Developmental psychobiology, 5*, 297-305.

[2] Bjorklund, D. F. (2007). *Why youth is not wasted on the young : Immaturity in Human Development*. UK : Blackwell Piblishing.

[3] Bjorklund, D. F. & Green, B. L. (1992). The adaptive nature of cognitive immaturity. *American Psychologist, 47* (1), 46-54.

[4] Brooks-Gunn, J. & Lewis, M. (1984). The development of early visual self-recognition. *Developmental Review, 4*, 215-239.

[5] 旦直子・宮崎美智子・開一　(2007).「発達心理学から考える自他理解の発達」『発達』No.112, vol.28, pp.18-28.

[6] Diesendruck, G. & Lindenbaum, T. (2009). Self protective optimism : Children's biased beliefs about the stability of traits. *Social Development, 18*, 946-941.

[7] Gallup, G. G., Jr. (1970). Chimpanzees : Self-recognition. *Science, 167*, 86-87.

[8] Harter, S. (1999). *The cognitive and social construction of the developing self*. New York, NY : Guilford Press.

[9] Hills, S. D., Bundy, R. A., Gallup, G. G., Jr., & McGlure, M. K. (1970). Responsiveness of young nursery reared chimpanzees to mirrors. *Proceedings of the Lousiana Academy of Science, 33*, 77-82.

[10] ハーシュ＝パセック, K.・ゴリンコフ, R. M.・アイヤー, D.／菅靖彦（訳）(2006).『子どもの「遊び」は魔法の授業』アスペクト. (Hirsh=Pasek, K., & Golinkoff, R. M.

with Eyer, D. (2003). *Einsterin never used flash cards. How our children really learn – And why they need to play more and memorize less*. New York, NY : Rodale inc.)
[11] 板倉昭二 (2006).『「私」はいつ生まれるか』ちくま新書.
[12] 柏木恵子 (2008).『子どもの育つ条件――家族心理学から考える』岩波新書.
[13] Lewis, M., & Brooks-Gunn, J. (1979). *Social cognition and the acquisition of self*. Plenum Press.
[14] Lockhart, K. L., Chang, B., & Story, T. (2002). Young children's beliefs about the stability of traits : Protective optimism? *Child Development, 73*, 1408-1430.
[15] Lockhart, K. L., Nakashima, N., Inagaki, K., Keil, F.C. (2008). From Ugly duckling to swan? ; Japanese and American beliefs about the stability and origins of traits. *Cognitive Development, 23*, 155-179.
[16] 宮崎美智子「鏡やテレビのなかのわたし・調査1-1：3歳児は2秒遅れの自分の映像を『いま』の自分の映像であると理解できない？! 」http : //ardbeg.c.u-tokyo.ac.jp/index.html（東京大学開一夫研究室・研究紹介・これまでの赤ちゃん研究の成果）
[17] Miyazaki, M., Hiraki, K. (2006). Delayed intermodal contingency affects young children's recognition their current self. *Child Development, 77*, 736-750.
[18] Miyazaki, M., Hiraki, K. (2007). Video self-recognition in 2-year-olds : Detection of spatiotemporal contingency. In S. Watanabe, T. Tsujii, & J. Keenan (Eds.), *Comparative social cognition* (pp.209-223). Keio University Press.
[19] 宮崎美智子・開一夫 (2009).「自己像認知の発達――『いま・ここ』にいる私」開一夫・長谷川寿一（編）『ソーシャルブレインズ――自己と他者を認知する脳』東京大学出版会.
[20] 明和政子 (2006).『心が芽ばえるとき――コミュニケーションの誕生と進化』NTT 出版.
[21] Morgan, R. & Rochat, P. (1997). Intermodal calibration of the body in early infancy. *Ecological Psychology, 9*, 1-23.
[22] 中島伸子 (2008).「ポジティブな方向に変遷する私というイメージ――特性の変容可能性についての子どもの楽天主義とその発達」仲真紀子（編）『自己心理学4 認知心理学へのアプローチ』(pp.49-64). 金子書房.
[23] 中島伸子・稲垣佳世子 (2007).「子どもの楽天主義――望ましくない特性の変容可能性についての信念の発達」『新潟大学教育人間科学部紀要』Vol.9, No.2, pp.229-240.
[24] Povinelli, D. J., Landau, K. R., & Perilloux, H. K. (1996). Self-recognition in young children using delayed versus live feedback : Evidence of developmental asynchrony. *Child Development, 67*, 1540-1554.

[25] Rochat, P. (1998). Self-perception and action in infancy. *Experimental Brain Research, 123*, 102-109.
[26] ロシャ, P.／板倉昭二・開一夫（監訳）(2004).『乳児の世界』ミネルヴァ書房.（Rochat, P. (2001). *The infant's world*. Cambridge, MA : Harvard University Press.）
[27] Rochat, P., & Hespos, S. J. (1997). Differential rooting response by neonates : Evidence for an early sense of self. *Early Developmental and Parenting, 6*, 105-112.
[28] Rochat, P., & Morgan, R. (1995). Spatial determinants in the perception of self-produces leg movements by 3- to 5-month-old infants. *Developmental Psychology, 31*, 626-636.
[29] Ruble, D. N., & Dweck, C. S. (1995). Self-perceptions, person conceptions, and their development. *Review of personality and social psychology, 15*, 109-139.
[30] 佐久間路子・遠藤利彦・無藤隆 (2000).「幼児期・児童期における自己理解の発達——内容的側面と評価的側面に着目して」『発達心理学研究』*11*, 176-187.
[31] Seligman, M., Reivich, K., Jaycox, L., & Gillham, J. (1995). *The optimistic Child*. New York, NY : Houghton Mifflin.
[32] Yussen, S. R, Levy, V. M. (1975). Developmental changes in predicting one's own span of short-term memory. *Journal of Experimental Child Psychology, 19*, 502-508.